ENTRE EL INFIERNO Y EL ÉXITO

Sergio Mayer

ENTRE EL INFIERNO Y EL ÉXITO

OCEANO

ENTRE EL INFIERNO Y EL ÉXITO

© 2023, Sergio Mayer

Las opiniones expresadas en este libro son responsabilidad exclusiva del autor.

Diseño de portada: Departamento de arte de Océano

Fotografía del autor: Luis Iván Manjarrez Arizpe

D. R. © 2023, Editorial Océano de México, S.A. de C.V.
Guillermo Barroso 17-5, Col. Industrial Las Armas
Tlalnepantla de Baz, 54080, Estado de México
info@oceano.com.mx

Primera edición: 2023

ISBN: 978-607-557-846-0

Impreso en México / Printed in Mexico

Para mis padres y los amores de mi vida:
Issabela, Sergio, Antonia y Victoria

Índice

MENSAJE DEL AUTOR

C uando empecé a escribir este libro, quería relatar los momentos que definieron mi vida: los desafíos, alegrías y duelos que he atravesado. Y mientras reflexionaba sobre lo que he hecho a lo largo de mis cincuenta y siete años, decidí entrar al proyecto de *La casa de los famosos*; en ese instante supe que sería una roca más, un reto más que enfrentar y que disfrutar.

Desde que puse un pie dentro de la casa tuve un objetivo: crear un equipo, un *team* que se sintiera fuerte, seguro, protegido e invencible. Siguiendo los aprendizajes que me han forjado y que con mucho cariño te compartiré en este libro, logré construir lealtades a través de la solidaridad y el apoyo, y hacer un vínculo de confianza con cada uno de los integrantes del *Team Infierno*. Recuerda esto que es muy importante: el líder no es el que resalta de los demás, el líder es el que ayuda y apoya a que los demás destaquen. Porque si los demás crecen, tú creces; si los demás ganan, tú ganas. El líder siempre piensa en los demás primero, no sólo en él; el líder guía, pero escucha.

Es por eso que hoy me doy cuenta de que la vida y Dios me ofrecieron una oportunidad única de reconectar con la gente a través de ese programa, y que no podía desaprovechar. Conectar con nuevas audiencias y generaciones fue un regalo que no tiene precio. Jamás imaginé que a mi salida escucharía en la calle a jóvenes expresando su agradecimiento, ya que encontraron inspiración en mis pláticas y reflexiones dentro del *reality*. Todo eso, por supuesto, conlleva una gran responsabilidad social, ya que me compromete a seguir buscando ser mejor persona cada día. Tengo muy presente que el éxito te lo da la gente, pero también te lo quita. No importa a qué te dediques: si estás comprometido con tus principios, con tu palabra, con tu honestidad y haces las cosas con profesionalismo y compromiso, la gente y el público te van a valorar y agradecer. No importa si eres actor, cantante, doctor, arquitecto, o si tienes un negocio y vendes un producto o servicio: siempre busca la excelencia. Recuerda que tu palabra y tu integridad son lo más valioso que tienes; si pierdes alguna de las dos simplemente pierdes tu credibilidad y tu honorabilidad.

En las siguientes páginas conocerás mi vida, como nunca antes la había contado. Espero que los sueños que han definido mi camino te ayuden a dejar el miedo atrás y lograr, en su forma más auténtica y pura, ese éxito que estás buscando.

S. Mayer

Introducción

Muchas personas creen que conocen a alguien tan sólo porque han leído una publicación en Facebook o un tweet, o porque han visto una fotografía en Instagram, pero están equivocadas. También tienden a juzgar a las personas públicas, ya sean artistas, deportistas o políticos, basándose únicamente en lo que los medios de comunicación dicen de ellos. Los medios buscan vender sensacionalismo y, por lo general, se enfocan en escándalos y chismes, ya que eso es lo que parece interesar más al público. Sin embargo, como bien se dice, no se puede juzgar un libro por su portada.

Así como existen individuos que, desde el anonimato, atacan a otras personas en las redes sociales difundiendo mentiras, difamaciones e insultos, a mí también me han dicho de todo. Pero esto no se limita a las redes sociales; también ha habido periodistas sin escrúpulos que han publicado falsedades sobre mi persona, difamándome bajo el pretexto de la libertad de expresión. Han utilizado y abusado de sus micrófonos para crear una imagen distorsionada de quién soy realmente, una imagen que está muy lejos de la verdad.

No todos tienen la oportunidad de defenderse y presentar su versión de los hechos, de desmentir públicamente lo que se dice de ellos. El propósito de escribir este libro es, en primer lugar, contar mi historia: mis orígenes, de dónde vengo, quiénes son mi familia y mis verdaderos amigos. En segundo lugar, quiero dar mi punto de vista sobre acontecimientos que sólo yo conozco, porque soy el protagonista, el que los vivió en carne propia.

En estas páginas, comparto mi infancia en Iztapalapa, mis compañeros de juegos y de escuela, los años que pasé en Estados Unidos junto a mi familia en busca de un futuro mejor, mis años de estudio y cómo creció en mí el deseo de formar parte de un grupo musical (muchos se sorprenderán al saber que el primer grupo del que fui parte no fue Garibaldi). Comparto también mi vida íntima, mis relaciones de pareja, la alegría de convertirme en padre y de encontrar al amor de mi vida. Hablo de los momentos que me han hecho feliz y de aquellos que me han roto el corazón.

Quiero que conozcan mi carrera como empresario, los éxitos y fracasos que he tenido, los amigos que me han tendido la mano en los momentos más difíciles y los amigos que he perdido en el camino. También abordo mi labor como defensor de los derechos de los niños, los desencuentros que he tenido con las personas más poderosas de este país y mi participación en la política de México.

Como mencioné antes, se ha dicho mucho sobre mí, se me ha acusado sin fundamento, inventando escándalos y tergiversando acontecimientos. Aunque en su momento he desmentido públicamente la mayoría de las cosas que se han dicho sobre mí, este libro sirve para recordarles a todos mi versión de los hechos.

Algunas personas no perdonan el éxito. Todo lo que he logrado en mi vida personal y profesional se debe a la disciplina, el trabajo duro y los valores que mis padres me inculcaron, así como a las lecciones que aprendí gracias al deporte.

He vivido mucho: desde mis primeros años en la colonia San Lorenzo Xicoténcatl hasta mi mudanza a Chicago, salir de casa de mis padres para perseguir el sueño de ser cantante y modelo, y formar parte del grupo más exitoso de los noventa, pasar por matrimonios y divorcios, convertirme en padre, viajar por todo el mundo y conocer incluso a reyes, crear el concepto de *Sólo para mujeres* y ser electo diputado federal. Nada de eso habría sido posible sin el amor de mis padres, mis hermanos y el apoyo incondicional de mi esposa Issabela y mis hijos.

A ti que sostienes este libro en tus manos: te quiero expresar mi más sincero agradecimiento por querer conocer la historia de Sergio Mayer, no la que otros cuentan, sino la que yo viví y ahora comparto contigo.

Mis primeros años en Iztapalapa

Nací el 21 mayo el 1966 en el hospital Dalinde de la colonia Roma, colonia que hizo mundialmente famosa Alfonso Cuarón, pero viví mi infancia en Iztapalapa. Como casi todas las zonas de la Ciudad de México, muchas cosas han cambiado, pero hay muchas otras que siguen igual.

Iztapalapa está alejada social y geográficamente de la ciudad. Hoy en día, muchos piensan que Iztapalapa es una zona de delincuentes, pero esto es tan falso como decir que todos los regios son codos o que todos los yucatecos son cabezones. La Iztapalapa que yo conozco está llena de gente trabajadora, honesta y con valores, que se friega todos los días para llevar el chivo a sus hogares, para pagar la comida, renta, luz, teléfono, agua y los útiles y uniformes de sus hijos; en fin, mujeres y hombres chambeadores, como la mayoría de los mexicanos. En esta delegación nacieron mis abuelos, mis padres y también mis hermanos y yo.

Mis padres nacieron en la colonia San Lorenzo Xicoténcatl un poco después del fin de la Segunda Guerra Mundial. Mi padre, Rubén Mayer Robledo, es el hijo mayor de nueve hermanos. Su familia vivió y creció en la casa que construyó mi abuelo, que iba pagando con su trabajo como maestro de obras. Era una casa muy grande en comparación con las otras casas de la colonia, donde tener una casa que no tuviera piso de tierra y estuviera hecha de cartón y con techo de lámina era un lujo. Tenía un patio muy grande al fondo, en el que estaban los animales de traspatio: gallinas, gansos, patos y vacas. Al entrar a la casa, lo primero que veía era un corredor muy largo, con muchas puertas que daban a los cuartos de mis tíos. Los pisos eran de azulejos con diseños de flores. Como mi abuelo la fue construyendo conforme crecía su familia, no tenía un estilo definido.

Es impresionante cómo en esa época, trabajando como albañil, mi abuelo fue agregando cuartos y haciendo modificaciones a su casa cada vez que nacía uno de sus nueve hijos. Con lo que ganaba de su trabajo, podía proveer a su familia de un techo digno y pagar unas vacaciones cada año a Acapulco o a un balneario en Oaxtepec, Morelos. Hoy en día, eso es casi impensable en nuestro país.

Mi padre tuvo una infancia dura, con muchas responsabilidades desde niño, como cualquier persona de clase baja de esa época. Le fregaba desde el amanecer hasta irse a dormir. Se levantaba tempranísimo para ordeñar las vacas y darle leche a mi abuelita Aurora, que la hervía y con la nata desayunaba toda la familia con tantito pan. Mi abuela siguió preparando esa nata deliciosa hasta cuando yo era niño; todavía cierro los ojos y siento en mi paladar el sabor de aquellos desayunos, los aromas de la cocina de mi abuela que se mezclaban con el olor de los animales en el traspatio. Mi papá también apoyaba a mi abuela en las labores del hogar y se encargaba de sus hermanos menores.

Como era común en esa época, mi papá comenzó a trabajar desde niño. Aprendió oficios como soldador, carpintero, tablajero y carnicero. También chambeaba con mi abuelo, cargando bultos de cemento, apilando ladrillos y haciendo la mezcla del cemento, todo esto mientras asistía a la escuela. Tenía que ayudar a alimentar todas las bocas de la casa; entonces, no había otra más que fregarle. Aunque fue una vida dura, ahí se formó el carácter y la disciplina para sacarnos adelante.

Mi mamá, María Guadalupe Bretón Paz, fue la mayor de cinco hermanos. En el registro civil aparece como María Guadalupe, pero mi abuelo cambió de opinión y en el acta de nacimiento tachó el nombre y, con su puño y letra, escribió encima el nombre de Norma. Así, todo mundo conoce a mi mamá como Normita.

Ella tuvo una infancia muy dura debido al alcoholismo que abatió a mi abuelo Julio, ya que exacerbaba su temperamento violento. Mi abuela, mi mamá y sus hermanos vivieron y sobrevivieron un entorno tóxico y violento. Por desgracia, en esa época la violencia doméstica estaba normalizada y muchas familias vivían de esa manera porque así estaban educadas, social y religiosamente. Mi mamá se tuvo que hacer cargo de sus hermanos y comenzó a trabajar desde que era niña.

Con mucho esfuerzo, consiguió un empleo como recepcionista en una empresa en Naucalpan, en el Estado de México. Tenía que recorrer más de cuarenta y seis kilómetros para llegar a su trabajo todos los días, pues no había una ruta directa, así que debía utilizar varios camiones para llegar a la chamba. Como era joven, güerita y de ojos claros, tenía que sortear, como miles de mujeres, el acoso en el transporte público, y todos los días se la rifaba para ir a trabajar. Eran los años cincuenta, no había dónde ir a denunciar un acoso, ni siquiera existía el concepto y mucho menos leyes que protegieran a las mujeres. Como hombre, es muy difícil imaginar lo que las mujeres sufrían y siguen sufriendo por el simple hecho de ser mujeres. México es un país profundamente machista, y era peor en aquella época. Los hombres dictaban las reglas y la sociedad obedecía. El acoso no era considerado un delito: tan sólo se trataba de un piropo. A nadie le importaba si era vulgar o si incomodaba a las mujeres, era un juego y se aplaudía entre los cuates. Por fortuna, eso ha empezado a cambiar en nuestro país.

Mis padres se conocieron desde pequeños. Iban a la misma escuela, la primaria 47 Braulio Rodríguez, en San Lorenzo Xicoténcatl. En aquel tiempo, era común que niños de distintas edades, desde los seis hasta los diez años, estudiaran en el mismo salón. Fueron novios desde los doce o trece años y finalmente se casaron a los veinte. Mi hermano Rubén nació cuando mi mamá tenía sólo veintiún años, como se acostumbraba en aquel entonces. Una vez que comenzaron a tener hijos, mi madre dejó de trabajar y se dedicó de tiempo completo a criarnos. La admiro profundamente porque supo romper el ciclo tóxico de violencia que vivió en su casa; siempre nos trató con amor, tolerancia y dedicación, y nos enseñó la disciplina sin golpes. Tenía el carácter, principios y valores de su madre, que nos inculcó a sus hijos también.

Mis padres siempre han sido mi modelo a seguir en las relaciones de pareja. Tienen casi setenta años de conocerse y más de sesenta de casados, y son un ejemplo de tolerancia y amor; hoy en día, son pocos los que forman un equipo tan fuerte como el de ellos. Sin importar las circunstancias, nos dieron las herramientas para formarnos como hombres de bien. Gracias a ellos, mis hermanos y yo salimos adelante. Les agradezco siempre su amor y disciplina: hoy soy quien soy gracias a la manera en la que me educaron.

Crecí en la calle Trinidad número 9, en la misma colonia donde nacieron mis padres. Soy el segundo de cuatro hermanos, todos hombres, competitivos y molestones. Competíamos por absolutamente todo y nos encantaban los deportes; practicar deportes nos enseñó la disciplina y el trabajo en equipo. Con el paso del tiempo, he entendido el valor y la importancia de aprender a trabajar en equipo y la manera en la que los deportes y el ejercicio forjan el carácter y te ayudan a crecer como persona. El deporte y el ejercicio nos mantuvieron alejados de la droga y otras malas influencias que atraparon a otros niños y jóvenes de la colonia; nos salvó la vida. Mi mamá y sus hermanos son de ojos claros, y aunque nosotros no heredamos la genética de nuestra familia materna, siempre nos conocieron como los "güeritos" de la colonia.

Mi abuelita paterna, Aurora Robledo Campos, tenía dos puestos de abarrotes en el mercado de la colonia San Lorenzo Xicoténcatl. Me gustaba mucho ir con ella porque siempre nos regalaba chocolates Mamut o Chocodrilos, y disfrutábamos verla trabajar. Todo el mundo la conocía como doña Aurora y era muy respetada en el mercado. Mi abuela era de carácter fuerte, por no decir cabrona; se llevaba con todo el mundo y sabía hacerse respetar.

La conocían bien en el barrio y fue líder del mercado, porque siempre veía por el bien de la comunidad. Vivía en la calle Ahome número 15, a unas calles de donde vivíamos con mis papás. Además de sus puestos en el mercado, tenía algunas propiedades que rentaba en varias partes de la colonia. Eran pequeños cuartos donde habitaban familias enteras, muchos no tenían baño propio y compartían baños comunitarios con los demás inquilinos. En muchas ocasiones, Rubén y yo la acompañábamos a cobrar las rentas. Esas familias, que vivían hacinadas entre paredes de cemento frío y humedad, eran mis vecinos, y muchos de sus hijos, mis compañeros de juego y de escuela. Los cuartos tenían un olor muy particular, a moho y humedad, que se te metía hasta lo más alto de la nariz. Años más tarde, cuando por trabajo visité un reclusorio, el olor del encierro me transportó a mi infancia, a las propiedades de mi abuela.

Los recuerdos de mi infancia son bastante pintorescos y agradables. Aunque veníamos de una zona de bajos recursos, donde convivían las casas de ladrillo y cemento con construcciones hechas de lámina y techos de cartón, de niño no me fijaba en esas cosas. Pasaba las tardes con mis hermanos y con los otros niños del barrio. Recuerdo esos juegos de la calle con muchísima nostalgia, pues eran épocas más sencillas, en las que nos entreteníamos por horas entre nosotros, sin iPads ni otras tecnologías. Nuestros vecinos eran gente muy linda, con valores, muy generosos y solidarios. Aunque había muchas carencias y falta de oportunidades, siempre que podían se apoyaban los unos a los otros. Como en todas las colonias de bajos recursos, los fines de semana se jugaban los partidos de futbol llanero, donde al final de los encuentros no faltaban las chelas y a veces terminaban agarrándose a trancazos, pero durante la semana todos se iban a trabajar para llevar la raya y pagar los gastos de sus hogares.

Recuerdo que al lado de mi casa estaba la tiendita de doña Herminia, que era la que nos fiaba los cueritos con chile y refrescos. Había que pagar puntual para que no nos dejara de fiar. Los fines de semana mi papá nos daba cinco pesos para ir con doña Herminia a comprar Gansitos, Chocorroles y Pingüinos para cenar. Era un lujo para nosotros.

Con los niños del barrio jugábamos taconcito: marcabas un área con un gis, echabas monedas en el piso dentro del perímetro marcado y tratabas de sacar las monedas para ganar el juego. También nos gustaban mucho los trompos, que comprábamos en el mercado y luego mejorábamos: les quitábamos la punta, les poníamos tornillos y los afilábamos bien para que mantuvieran el equilibrio. Competíamos y el que ganara se llevaba unos pesitos y además podía destrozar el trompo de su opositor. Jugábamos bolillo, canicas, guerritas de ligas, avalancha, burro dieciséis y burro castigado, rayuela, avión y quemados. Los sábados de Gloria en Semana Santa, nos mojábamos a manguerazos, cubetazos y globazos —claro, todo esto antes de que existieran restricciones por la falta de agua—. Y no podía faltar el futbol: armábamos las porterías con ladrillos y jugábamos con pelotas desinfladas. Me pasaba todo el día con mis cuates, a veces nos peleábamos a golpes, pero todo era parte del juego; al día siguiente, nos volvíamos a ver y todo transcurría en la normalidad. Recuerdo con nostalgia esa infancia, esa edad inocente y simple.

También formaba parte de los *boy scouts*. Me gustaba mucho vestir con mi uniforme de camisola verde, una boina y mi pañoleta anudada en el cuello, las calcetas debajo de las rodillas, con sus borlas bordadas a los lados, los botines para escalar y el short con bolsas donde, cuando te lo ganabas, podías colocarte en el cinturón la navaja. Me llenaba de orgullo cada vez que me otorgaban un parche con una nueva insignia por haber aprendido a hacer nuevos nudos, fogatas o señas de tipo militar con banderines. Debíamos apoyarnos los unos a los otros y teníamos que probar que habíamos aprendido a trabajar juntos cuando nos íbamos a acampar, y así aprendí a trabajar en equipo. Esas excursiones donde nos examinaban constantemente me hicieron muy disciplinado, pues pasaba horas en mi casa practicando los nudos y estudiando el libro que nos daban con los principios, valores y promesas de los *boy scouts.*

Disfrutaba mucho los fines de semana que íbamos de campamento a los alrededores de la ciudad, el Ajusco, la Marquesa, el Pico de Orizaba. Caminábamos por senderos y montañas cargando nuestras mochilas y las bolsas de dormir, acampábamos con nuestros compañeros tres o cuatro días, dormíamos a la intemperie, convivíamos y disfrutábamos de la naturaleza. Teníamos que armar las tiendas de campaña correctamente, había que clavarlas muy bien en el suelo y dejarlas fijas, porque te calificaban todo eso. Además de lo que me inculcaron mis padres, puedo asegurar que de ahí se desprende mi disciplina, mi trabajo y respeto a los adultos mayores, la naturaleza y el medio ambiente, y mis actividades en favor de la comunidad. Tuve mucha suerte de ser parte de esa asociación.

A pesar de que era un *boy scout* ejemplar, en la escuela siempre fui un niño desmadroso y rebelde, aunque tenía buenas calificaciones. Estudié en la primaria Manuel C. Tello. Era la típica escuela de gobierno de aquellos años, con sus salones con ventanas que abrían hacia fuera y con varillas de metal, para que no escapáramos, como si fuera reclusorio. En los salones había pupitres de madera y de fierro que compartíamos entre dos, con un cajón donde guardábamos nuestros útiles de clase. Además de los pupitres, el único mobiliario en el salón era el escritorio de metal del maestro y el pizarrón verde al frente. Todos los días cargaba con mi mochila de piel color miel que se cerraba con un par de hebillas y que me colgaba con dos tiras de cuero que me dejaban marcas en los hombros. En el recreo, vendía los dulces y chocolates que había comprado con mi abuela en La Merced.

Los salones estaban repartidos en dos pisos y las paredes, como en todas las escuelas de aquel tiempo, eran de color verde. Al fondo del piso de abajo, estaban los baños, junto al cuarto del conserje, que vivía ahí con toda su familia. El conserje era el encargado de abrir la puerta para que entráramos y la cerraba cuando ya había pasado la hora de entrada. Si llegabas tarde, él se asomaba por una pequeña ventanita de metal y dependía de si le caías bien o mal que te dejara entrar o no. Siempre estaba de mal humor, supongo que por tener que vivir todo el año dentro de la escuela y lidiar con generaciones y generaciones de niños revoltosos.

A mis hermanos y a mí nos gustaba irnos de pinta y cruzar lo que en aquel tiempo era una carretera y hoy es avenida Zaragoza. Nos íbamos al Balneario Elba, por el Cerro del Peñón, y subíamos al cerro para jugar en las resbaladillas y nadar. De regreso, secábamos la ropa en el cerro antes de llegar a casa.

En la escuela, yo tenía fama de mal portado, siempre tenía reportes de mala conducta y me expulsaban a cada rato por indisciplinado; la realidad es que me aburría muy rápido, ese formato de escuela no funcionaba para mí. Quizá si hoy fuera niño, me diagnosticarían con déficit de atención o algo similar, pero en esa época tan sólo te categorizaban como un chamaco desmadroso e indisciplinado.

Recuerdo en particular una ocasión en que llamaron de la escuela a mi mamá. Estábamos en clase cuando el maestro nos dijo que debía salir por un momento: "Ahorita regreso. Mientras, hagan este ejercicio del libro". Se salió, todos estaban sentados escribiendo en sus cuadernos y yo trepado, brincando como loco, en el escritorio del maestro. De repente, abrieron la puerta y entraron el profesor, la directora y mi mamá. El profesor me volteó a ver un segundo y le dijo a mi mamá: "¡Mire lo que le digo, para que vea que su hijo es un desmadre!". Mi pobre madre estaba muy apenada: le acababan de decir que me iban a volver a expulsar y tenía que pasar la vergüenza otra vez de que la llamaran por mi falta de disciplina. En ese momento sonó la campana de recreo. Mi mamá me sacó y me fue dando con el cinturón por todo el patio de la escuela. Con cada golpe gritaba: "¡Para que sientas la misma vergüenza que siento yo cada vez que me llaman!". Yo me hice el valiente delante de mis compañeros de la escuela y me aguanté los trancazos sin llorar. Mi mamá no dejo de tundirme hasta que llegamos a la casa, que estaba a media cuadra de la primaria.

Cada vez que me expulsaban de la escuela, tenía que ir a trabajar con mi papá al rastro. Durante toda mi infancia, recuerdo que mi padre se levantaba para ir a trabajar a las dos o tres de la mañana. Debía recorrer casi treinta kilómetros para llegar a la Industrial de Abastos, donde trabajaba como arriero en el rastro de Ferrería en Azcapotzalco, donde hoy está la Arena Ciudad de México. Toda la carne que se consumía en la ciudad —de res, cerdo y pollo— venía de la Industrial de Abastos, de donde salían diariamente los camiones para distribuir a todas las carnicerías del Distrito Federal.

Mi padre empezó desde abajo, arriando el ganado que descendía de los camiones para llevarlos a los corrales y al matadero. Era un trabajo muy duro por el que recibía un sueldo de sesenta y seis pesos a la semana. Siempre ha sido un hombre disciplinado y tenaz, pues creció con el ejemplo que le dio mi abuelo, que mantuvo a nueve hijos y construyó su casa con sus propias manos. Así, mi padre no se conformó con lo que tenía; quería darnos a mi mamá, a mí y a mis hermanos la mejor calidad de vida posible, por lo que se esforzaba mucho en su trabajo. Recuerdo que constantemente nos decía: "Necesitamos salir de aquí". Se puso como meta mejorar sus ingresos, pero para lograrlo necesitaba subir de puesto.

Observaba y preguntaba a todos el proceso de trabajo del rastro, y cuando se sintió seguro y tuvo oportunidad solicitó que le dieran chance de trabajar en la oficina. Aceptaron probarlo, pero le dijeron que antes debía hacer un examen. Deben de haber sido momentos difíciles para mi padre, porque se estaba jugando el futuro de su familia. Aplicó el examen que le hicieron y lo logró, lo ascendieron de puesto y comenzó a trabajar como larguillero y pesador. A partir de ese momento, tuvo más responsabilidades, pero también un mejor sueldo; en su nuevo puesto, ganaba mil doscientos pesos al mes.

Acompañar a mi padre al rastro era toda una aventura. Caminaba entre los enormes corrales adonde desde muy temprano llegaban camiones y vagones de tren llenos de ganado. Ante mis ojos de niño esos corrales llenos de vacas, cerdos y borregos parecían no tener fin, y me encantaba caminar entre las reses, los camiones y el estiércol. En ocasiones, me tocaba ver a algunas reses que se habían caído en el camino y quedaban muy lastimadas pues las pisaban las demás.

Mientras en la oficina mi papá hacia las cuentas de los animales que ingresaban y los que serían sacrificados para enviarlos a las carnicerías, yo me iba a ver cómo sacrificaban reses, puercos y borregos.

Presenciar la crueldad del proceso de la matanza me dejó una marca muy profunda. Arriaban a los animales con una larga vara con la que les daban descargas eléctricas para llevarlos de los corrales al matadero; a las reses que habían caído, les torcían la cola para que se levantaran y siguieran a las otras. Las llevaban por estrechos pasillos en los que apenas se podían mover hasta que llegaban al sitio donde serían sacrificadas. Ahí, las aseguraban de una de sus patas traseras con una cadena y después las jalaban hasta que quedaban colgadas con el hocico hacía abajo, para que después del sacrificio la sangre cayera en un canal. Mientras los animales se sacudían desesperados, hombres con mandiles blancos y botas de plástico completamente salpicados de sangre afilaban cuchillos de entre quince y veinte centímetros con una chaira de carnicero que traían atada a la cintura. Esos hombres les levantaban la pata derecha y les atravesaban la piel hasta llegar al corazón; la sangre brotaba del hocico y de la herida del pecho y las reses se sacudían mientras se desangraban. Muchas veces seguían vivas mientras las abrían para sacarles las vísceras. Algunas, agonizando, se zafaban de las cadenas y pataleaban en el piso hasta que las recogían y las volvían a colocar en el riel. Era brutal. Después, marcaban las reses que pertenecían a cada introductor y las guardaban en grandes refrigeradores para su venta.

A los cerdos los metían en unas enormes tinas de metal con agua hirviendo y les quitaban los pelos de la piel con unos cepillos de metal. Algunos seguían con vida mientras los tallaban. A los borregos les cortaban la cabeza mientras estaban vivos, aventaban la cabeza a un lado y el cuerpo al otro. Era un trato inhumano, pero normal para la época. Aunque era el lugar donde trabajaba mi padre y de ese rastro llegaba el gasto a mi casa, lo que vieron mis ojos de niño me dejó marcado de por vida. En esos tiempos, no existía el concepto de respeto por la vida de los animales, sacrificio humanitario, ni protocolos de higiene. Eran sacrificados de forma cruel. Años más tarde, vinieron a mi mente los procesos de matanza que vi de niño, desarrollé una conciencia del respeto a la vida y me dediqué a la defensa de los animales.

Cuando Rubén y yo éramos adolescentes, mi papá nos llevaba al rastro como castigo. Si llegábamos más tarde de una fiesta de lo que nos habían dado permiso, justo cuando nos acabábamos de acostar, mi papá nos levantaba y decía: "Si les gusta el desmadre, también les va a gustar ver cómo es ganarse la vida". Y si lo que habíamos hecho merecía un castigo más grande, nos ponía de cargadores y estibadores. Ésa era una verdadera friega.

Nos tocaba subir al riel a las reses que ya estaban cortadas en canal. Era un trabajo difícil y pesado, que se debía hacer entre dos personas y con mucha atención y concentración. A uno le tocaba agarrar un gancho de metal que pesaba como quince kilos para enganchar una de las patas traseras del animal mientras el otro cargaba el peso de la res entre el cuello y la espalda, había que nivelarla para que no se cayera. Nos poníamos unas fajas bien apretadas en la cintura para evitar que nos saliera una hernia, y con el peso de la res en la espalda caminábamos unos diez metros hasta llegar a la puerta del camión, donde otra persona ayudaba a engancharla para meterla en la caja donde la transportarían. Cargábamos las reses caminando entre sangre y cebo, con el riesgo de tener un accidente. Además, debíamos esquivar las decenas de personas que se movían entre los rieles, teniendo mucho cuidado de que no se nos cayera la res o uno de los ganchos de quince kilos en el pie. Había muchos menores de edad haciendo esa chamba; para nosotros era un castigo, pero ellos lo hacían todos los días.

Cuando terminábamos de cargar los camiones, aproximadamente a las seis de la mañana, una vez que éstos se ponían en marcha con rumbo a todas las carnicerías y mercados de la ciudad, nos íbamos a la oficina con mi papá a registrar en los libros lo que se había cargado y enviado. Se juntaba mucho dinero en efectivo y del rastro nos íbamos a hacer los depósitos al banco. Después, a partir del mediodía, recorríamos las carnicerías, entregábamos los larguillos y anotábamos lo que iban abonando. Finalmente, terminábamos la jornada entre las dos o tres de la tarde.

Mi papá, a pesar de que nos estaba castigando por andar de reventón, nos pagaba nuestro sueldo por la chinga que nos habíamos metido. Llegábamos a la casa hechos pedazos, con el cuerpo todo adolorido, encebados y sin haber dormido. Nos bañábamos para quitarnos la sangre y cebo de la piel, comíamos rápido lo que nos había preparado mi mamá y caíamos como tablas en nuestras camas. A veces dormíamos hasta el día siguiente y cuando nos levantábamos, no había una parte del cuerpo que no nos doliera. Eso nos hizo entender las chingas que se metía mi padre para mantener la casa. A fin de cuentas, nosotros sólo íbamos un día, pero mi padre no tenía tiempo de recuperarse: debía seguir trabajando todas las semanas. Como adulto, empecé a valorar en su justa medida el esfuerzo que hizo mi padre para sacarnos adelante y que nunca nos faltara nada.

Con el tiempo, las cosas fueron cambiando y el rastro de ferrería y su matadero desaparecieron. La Arena Ciudad de México se instaló encima de los corrales que fueron mi campo de juego. Ya no se utiliza como rastro, pero el lugar y los rieles de la vía del tren en que llegaban los animales todavía existen, como un emblema del pasado.

Así transcurrió mi infancia y el principio de mi adolescencia: jugando con mis cuates del barrio, acompañando a mi papá al rastro o a mi abuela al mercado, echando desmadre en la escuela. No fue una infancia perfecta, pero la neta éramos muy felices. El barrio, la escuela, el mercado y el rastro eran el único mundo que conocía. Todo cambió cuando por unos años dejamos no sólo el barrio, sino el país.

Ilegales en Chicago

El fenómeno de la migración es muy fuerte en México. A lo largo de los años, la ilusión de vivir el llamado "sueño americano" en Estados Unidos ha hecho que miles de familias dejen sus casas y arriesguen todo para conseguir una vida mejor. Muchos de los que se van de "espaldas mojadas" o "braceros", como se les llamaba antes a los migrantes ilegales que cruzan la frontera entre México y Estados Unidos por el río Bravo, son explotados por los coyotes o polleros, que literalmente trafican con personas a cambio de dinero.

Los que logran sortear los peligros de cruzar de manera ilegal y evitan a la migra son los que trabajan con más ahínco, y se esfuerzan como nadie recibiendo sueldos mucho menores por hacer trabajos que los ciudadanos norteamericanos no quieren hacer. Muchos de esos migrantes ilegales no tienen o pierden sus papeles de identificación, carecen de pasaporte, credencial para votar e incluso su acta de nacimiento. Durante mi estancia en Estados Unidos y a lo largo de mi vida, he conocido de manera cercana a esas personas. Además de vivir ilegalmente en un país que no es el suyo, son doblemente invisibles para los gobiernos: carecen de un documento que los acredite como mexicanos o norteamericanos, por lo que no pueden heredar o recibir herencias, tener acceso a

servicios educativos y de salud, acceder a recursos guberna-
mentales o de asociaciones civiles, y ni siquiera tramitar una
licencia de manejo. Es como si no existieran.

Nosotros, la familia Mayer Bretón, no llegamos a Estados
Unidos como migrantes ilegales. Nos fuimos al "otro lado",
pero llegamos en avión, como si fuéramos turistas en sus vacaciones.

Cuando tenía como cinco o seis años, Raquel, una amiga
y comadre de mi mamá que vivía en Chicago, les aconsejó a
mis papás que agarraran a sus hijos y se fueran al otro lado,
porque allá les iba a ir mejor. Mis padres deben haber conver-
sado mucho para tomar la decisión de llevarnos a vivir a otro
país, pues implicaba dejar su casa, familia, la escuela de sus
hijos, en fin, dejarlo todo para jugársela por un mejor futuro.
El plan era intentarlo por seis meses; si no resultaba, nos re-
gresaríamos a México.

En aquellos años, existía un pasaporte familiar, un documento único que acreditaba la nacionalidad y ciudadanía de
una familia completa. Así, mis papás realizaron el trámite
correspondiente, nos tomamos la foto de toda la familia, sacaron el pasaporte, compraron boletos y tramitaron una visa
de turista de seis meses. El viaje a Chicago fue la primera vez
que viajé en avión, pero estaba muy chico y no tengo en mi
memoria muchos de los detalles. Sí recuerdo que extrañaba
mi casa y a mis amigos. Para mis papás debe haber sido una
decisión muy fuerte: arreglar maletas, tomar a sus tres hijos
y partir tras el sueño americano. A nosotros nos dijeron que
íbamos de vacaciones. Así empezó esa aventura.

Chicago es una ciudad con clima extremo y no estábamos
preparados para esa ciudad, carecíamos de la ropa adecuada

y recuerdo que sentía un frío terrible. Por fortuna, nos recibieron los compadres de mi mamá, Raquel y Marcos. Nos quedamos en su casa, que era muy pequeña y quedó abarrotada cuando llegamos a habitarla cinco personas más. Mis papás, mis hermanos y yo nos acomodamos en el *basement* o sótano durante casi tres meses, mientras mis papás conseguían trabajo y encontraban un lugar donde vivir.

Finalmente, consiguieron un lugar sólo para nuestra familia. Todavía tengo en mi memoria la dirección adonde nos fuimos a vivir: 2417 South Spaulding, en un barrio de puros latinos. Recuerdo ese tiempo en Chicago como una época muy bonita; allá nació mi hermano Gerardo, el cuarto hijo de mis papás.

El obstáculo más grande que enfrentamos como familia fue el idioma, pues nosotros no hablábamos inglés y dentro de la comunidad latina había pocas oportunidades para practicarlo. Afortunadamente, los niños se adaptan muy rápido. Mis hermanos y yo asistíamos a McCormick Elementary School, donde además de nuestras clases regulares nos daban clases de inglés. En un salón nos ponían audífonos para que practicáramos el idioma, aprendíamos los colores, letras y números, y poco a poco comencé a darme a entender con los niños con los que convivía. No había de otra: o hablaba o hablaba.

Para entretenernos, mis hermanos y yo nos subíamos a los techos de las casas y saltábamos de garaje en garaje, después brincábamos y rodábamos por el césped, corríamos para brincar las cercas y lo repetíamos todo otra vez. Años después, cuando apareció el parkour como actividad y deporte urbano, recordé que nosotros ya lo hacíamos como juego.

En la escuela, viví el racismo por primera vez. Dos chavos afroamericanos nos amedrentaban constantemente, nos pateaban y maltrataban por el simple hecho de ser latinos. Llegábamos a la escuela con mucho miedo porque debíamos ser muy cuidadosos, no meternos en una pelea y mantener el perfil bajo. Mis papás nos dejaron muy claro que cualquier bronca en la que nos metiéramos podía implicar que llamaran a la migra. Aunque estaba muy chico y no sabía lo que era la migra, entendía que era algo muy malo para nosotros.

Uno de los recuerdos que tengo más grabados en mi memoria fue cuando mi papá nos compró una bici usada. Mis hermanos y yo andábamos en ella por todos lados. Una vez, rodando con un grupo de amigos, se ponchó la llanta trasera. Seguí pedaleando, pero la bici se resbalaba constantemente. Traté de pedalear más rápido para alcanzar al grupo cuando de pronto perdí el control de la bicicleta y caí sobre uno de los postes de metal típicos de las cercas de las casas en Estados Unidos. Se me clavó uno de los picos en el pecho del lado izquierdo, debajo del pezón. No podía respirar, mis pies no alcanzaban el piso, trataba de empujar mi cuerpo con las manos para zafarme y alcanzaba a ver mi pecho todo abierto, no paraba de sangrar. Recuerdo mi desesperación por no poder respirar. Estaba solo, porque los amigos con los que había salido iban más adelante y se habían ido sin darse cuenta de lo que me estaba pasando. En todo ese tiempo, no pasó nadie por la calle, y si alguna persona dentro de las casas me vio, no hizo nada por ayudarme. Finalmente, logré soltarme del pico de la cerca y regresé a mi casa empujando la bici con el pecho lleno de sangre. No recuerdo nada más de lo que pasó después, sólo que la libré de quedarme desangrado ensartado en una cerca. Hasta la fecha, tengo la cicatriz.

Mi papá encontró empleo en el oficio que conocía: la carne. Trabajaba en dos empacadoras, en una entraba a las siete de la mañana y salía a las tres de la tarde, y en la otra estaba de cinco de la tarde a dos de la mañana. Ésa era su rutina entre semana, y los fines de semana trabajaba como mesero en un restaurante. El pobre de mi padre dormía tres horas diarias, casi no lo veíamos, porque cuando llegaba a la casa se derrumbaba en la cama o en el sofá y se quedaba dormido de inmediato. Mi mamá nos decía: "No le hagan ruido a papá, debe descansar". Mi mamá también se movió como pudo y logró conseguir trabajo en un negocio de costureras. Con el paso del tiempo, por el buen desempeño, disciplina y dedicación que le puso a su trabajo, se convirtió en la mano derecha de la mánager. Como buenos mexicanos que emigran a Estados Unidos, eran los más chambeadores, tenían claro que sólo trabajando duro iban a sacar a su familia adelante. Eso no hace más que reafirmar la admiración que siento por ellos.

No todo era trabajo y escuela: los fines de semana nos íbamos al lago Michigan a jugar beisbol y hacer picnics frente a Buckingham Memorial, visitábamos la Sears Tower, que en aquellos años era el rascacielos más alto del mundo, y conocimos el Brookfield Zoo. En el verano, cuando hacía calor, abrían las bombas de agua de los bomberos y todos —afroamericanos, blancos y latinos— jugábamos con el chorro de agua y en los charcos que se formaban en la calle. Cerca de donde vivíamos, estaba la Iglesia Adventista de Séptimo Día, a donde no recuerdo cómo ni por qué comenzamos a asistir los domingos. Gracias a esa iglesia nos acercamos mucho a Dios, aprendimos a rezar y hacíamos muchas actividades con los miembros de la congregación.

Para que no estuviéramos de ociosos y no dejáramos de hacer ejercicio, nos metieron en un *boys club*. Creo que mis papás pagaban dos dólares a la semana para que pudiéramos estar ocupados y hacer lo que más nos gustaba: el deporte. No tardamos en encontrar un deporte que nos apasionara, nos volvimos fans de los Chicago Cubs y empezamos a practicar beisbol.

Siempre hacer ejercicio nos mantuvo alejados de las calles y de los peligros que éstas representaban. En el barrio latino donde vivíamos, existían las *gangs* o pandillas, los más famosos eran los Latin Kings. Por vivir en ese barrio, nos cruzábamos con ellos, pero por fortuna, como estábamos muy chicos y mis papás se encargaron de mantenernos ocupados, nunca nos integramos a ninguna pandilla.

Pasaron los seis meses de permiso de turista que teníamos para estar legalmente en Estados Unidos y mis padres no renovaron la visa, pero nos quedamos dos años más de manera ilegal. Meses después nos enteramos de que mi madre estaba embarazada, pero aun así continuó trabajando. Mis padres tenían la esperanza de darnos una hermanita. Mientras esperaba a su cuarto bebé, a mi madre le daban muchos bochornos. Recuerdo que abría las latas de chiles y se bebía el vinagre directo de la lata, supongo que eso le aliviaba los malestares.

Escuchaba que mis papás tenían miedo de que nos deportaran, sobre todo con mi madre embarazada, pero era muy chico y no entendía a qué se referían. Oía que en el trabajo de mi papá se vivía con el temor a la deportación y que cuando alguien gritaba que venía la migra todos los latinos ilegales tenían que esconderse. Mi papá siempre fue muy precavido y ante tanta incertidumbre, decidió ahorrar el dinero de la fianza para que mi mamá no tuviera problemas en caso de que algo desafortunado le pasara. Finalmente, sus temores se convirtieron en realidad: la migra hizo una de sus acostumbradas redadas en los lugares donde se sabía que había trabajadores ilegales, arrestaron a mi papá y lo iban a deportar.

En cuanto mi mamá se enteró de lo que había pasado, llegó adonde tenían detenido a mi padre con el temor de que la arrestaran también y sin saber qué nos podría pasar a mí y a mis hermanos. Le faltaba un mes para dar a luz. Afortunadamente, los funcionarios pensaron que era americana porque es güera y de ojo verde, ni siquiera la dejaron hablar, simplemente le dijeron que arreglara la situación de su marido y pagara su fianza.

En aquellos años, las leyes migratorias no eran tan duras como en la actualidad; dado que mi mamá estaba embarazada y mi hermano Gerardo nacería como ciudadano americano, las autoridades de migración les concedieron cuarenta días para salir de Estados Unidos sin que fueran fichados. Le dieron la oportunidad de dar a luz a su hijo y regresar a México con su esposo e hijos. Mi mamá pagó mil dólares de fianza y después de ocho horas de detención, con el temor de ser separado de su familia, liberaron a mi papá.

Al término del periodo de cuarentena que habían otorgado en migración, toda la familia Mayer Breton, con un nuevo integrante, regresó a México. Dos meses después de haber llegado, las autoridades de migración mandaron un giro con el dinero de la fianza que mi mamá había pagado por la liberación de mi papá ¡con intereses! Gracias a eso, no quedó registro de nuestra estadía en ese país y años después todos pudimos renovar nuestras visas.

Cuando nos fuimos a Chicago, mis papás rentaron la casa de la calle de Trinidad y no podían correr sin más a los inquilinos, quienes pagaban a tiempo cada mes. Por eso, a nuestro regreso vivimos una temporada en casa de mi abuelita Aurora. Mis papás tuvieron que volver a empezar desde cero.

Fue una época de ajuste, en la que además comenzaba mi adolescencia y todos los cambios que vienen con ella. Recuerdo que el calentador de la casa de Ahome 15 estaba en el pasillo, con cajas de madera apiladas abajo, llenas del papel que usábamos como combustible para prender la leña para bañarnos. Prendíamos el calentador y esperábamos a que estuviera bien caliente el agua para correr a bañarnos en chinga, antes de que se enfriara. Ya más grande me di cuenta del peligro que representaba tener el calentador en el pasillo, rodeado de tanto material inflamable.

Teníamos prohibido entrar al cuarto de uno de mis tíos, era tabú y siempre estaba cerrado con llave. Pero, como es bien sabido, cuando le dices a un niño que no haga algo se convierte en lo primero que intentará hacer. Mis hermanos y yo nos metimos a escondidas y para nuestra sorpresa descubrimos que tenía tapizadas las paredes con fotos de revistas para caballeros. Estábamos muy chiquitos y los ojos se nos abrieron como platos. En cada rincón podíamos ver fotos con mujeres enseñando piel. Era toda una aventura entrar al cuarto de mi tío Javier, el hermano más joven de mi papá.

Cualquier persona que haya vivido o viva en Iztapalapa sabe lo que sucede en las temporadas de lluvia. Cuando llovía muy fuerte, muchas casas se inundaban, incluida la de mi abuelita, y las calles literalmente se convertían en ríos. Antes de que se metiera el agua, teníamos que levantar hasta medio metro los muebles con tabiques y cemento para que aguantaran. Una vez que empezaba a llover con fuerza, todos nos poníamos a sacar el agua con cubetas y limpiar el lodo. A veces llovía tan fuerte que en la calle el agua arrastraba todo a su paso, incluso las ratas que se iban ahogando. Sucedía todos los años en temporada de lluvias, era una realidad que vivíamos cada verano. Me tocó ver cómo muchas personas perdían sus pocas posesiones con las inundaciones, sobre todo las personas que vivían en casas improvisadas, construidas con láminas y cartón.

Con el dinero que ganaron en Chicago, mi papá decidió retomar el negocio de la carne. Empezó su negocio con las carnicerías y compró algunas reses. Luego, comenzó a introducir ganado en el rastro. Al principio, eran unas cuantas cabezas, pero fue creciendo con mucho trabajo y dedicación.

En esa época, Rubén y yo nos apasionamos por el futbol americano. Lo más cercano para practicar ese deporte era Texcoco, así que nos inscribimos en la escuela secundaria federal Ignacio Ramírez. Así comenzó mi paso a la adolescencia. Muchas cosas comenzaron a cambiar, pasamos más tiempo lejos del barrio donde crecimos y empezamos a conocer nuevos lugares, personas y ambientes. Para llegar a la secundaria, tomábamos el camión a las seis de la mañana y luego caminábamos cerca de media hora para llegar a la escuela antes de las siete y media. Al terminar el turno de la escuela, íbamos a Chapingo a entrenar futbol americano con el equipo de los Toros. Después, tomábamos el camión de regreso a la casa para llegar a las seis o siete de la tarde. Ésa era nuestra rutina diaria. A veces, terminábamos tan cansados que nos quedábamos dormidos en el camión. Era de la fregada abrir el ojo y ver la clínica 25: eso quería decir que nos habíamos pasado de nuestra parada, por lo que debíamos bajarnos corriendo, cruzar la carretera para el otro lado y caminar hasta la casa, porque traíamos el dinero justo para nuestros transportes y no podíamos pagar otro pasaje.

En el equipo de los Toros, algunas veces no completábamos los once jugadores. Antes de que iniciaran los partidos, literalmente rezábamos para que llegaran los que faltaban y que no nos descalificaran. La utilería era de segunda, los cascos, hombreras y fundas eran de vergüenza, todo lo teníamos remendado. Mi primer equipo de Toritos lo formaron el *coach* Machorro y Mike Cervantes, creadores del club, y también Gonzalo Novelo, que tenían hijos que jugaban con nosotros. Con nuestros amigos del equipo íbamos en camión y en metro al centro de la ciudad para comprar la utilería, cascos, fundas, hombreras, riñoneras y demás. De todos ellos guardo muy buenos recuerdos.

Al principio, en Texcoco nos veían como un par de fuereños que causaban revuelo entre las niñas, y eso no les caía muy bien a algunos chavos. Había mucha gente que nos quería dar en la madre, por lo que nos teníamos que defender y más de una vez terminamos a golpes para darnos a respetar. Además, era muy buen jugador de futbol, destacaba como *quarterback*, *linebacker* y corredor; Rubén lo hacía como receptor y a la defensiva.

Pasábamos la mayor parte del tiempo en Texcoco y todo el mundo nos conocía. Con muchos de los amigos que hice ahí mantengo comunicación y hasta tenemos un chat donde cada semana nos ponemos al día. Convivimos con varias familias de compañeros de la escuela y el futbol americano.

Allá fui a mis primeras fiestas y tardeadas, y tuve mis primeras novias.

Por donde hacen la procesión de semana santa en Iztapalapa estaba el Club Mallorca, donde practicaba karate con mis hermanos. Con lo competitivos que éramos, siempre llegábamos a las finales mi hermano Rubén y yo. Mi mamá se salía de las competencias porque no le gustaba vernos en combate. Mi papá también iba a vernos, pero mi mamá era quien más lo sufría. Él siempre fue el hombre de la casa, el proveedor y cabeza de la familia, pero mi madre fue la que tuvo que lidiar con cuatro hombres desmadrosos. Ella era la que iba a las escuelas y dedicaba su tiempo a nuestros entrenamientos y clases. Siempre nos llevaba adonde necesitáramos. Mi padre siempre ha sido la cabeza de la familia, pero mi madre es la matriarca y quien siempre ha tenido la última palabra.

Gracias al trabajo y esfuerzo de mi papá, le empezó a ir mejor y decidió comprar un terreno en la colonia Paseos de Taxqueña. No había muchas casas en la zona donde empezó a construir la que sería nuestra casa. Recuerdo que para promover la zona y que la gente se mudara para allá, un periódico —no estoy seguro de si fue *Novedades*, *Excélsior* o *El Heraldo de México*— sorteó una casa en la colonia. La zona era de clase media, muy diferente a Iztapalapa. Mi papá construyó nuestra casa en la calle Paseos de los Jardines número 196. Me tocó ver cómo mi papá le ponía los acabados, las cubiertas de madera, los candiles. Para nosotros, era una casa de superlujo, nos sentíamos los ricos de la colonia.

Cuando nos mudamos a Paseos de Taxqueña, ya no pudimos seguir en los Toros debido a la distancia, así que empezamos a jugar en Águilas Azules de Villa Coapa y una temporada en Cherokees. Ahí los golpes eran diferentes, mucho más duros.

Al terminar la secundaria, empecé la preparatoria en el Instituto Superior de Estudios Comerciales (ISEC), que estaba en Mier y Pesado y Xola, a un costado de la torre de Mexicana de Aviación. Durante la prepa me tocó ver toda su construcción.

Seguía siendo un desmadroso y terminé estudiando ahí porque era una escuela en la que entraban los que no aceptaban en las otras. También fue mi primera escuela de paga. Para no perder la costumbre, dentro del salón volteé las bancas y el escritorio del maestro, puse unos papeles debajo y les prendí fuego para hacer una fogata. Fui tantas veces a la oficina del director que terminamos siendo amigos.

Aunque estaba estudiando la prepa, en el fondo tenía muchísimas ganas de hacer otra cosa: ser artista. Sentía un gran deseo de formar parte de un grupo musical como los que estaban de moda, pero no conocía a nadie, no tenía contactos ni la más mínima idea de por dónde entrar en ese mundo. No obstante, algo que me ha caracterizado a lo largo de mi vida es que hago todo lo posible por conseguir lo que quiero, por más inalcanzable que parezca. Mi sueño de ser artista no fue la excepción.

Grupo Chévere. Cocaína y arresto

A los quince o dieciséis años nació mi sueño de pertenecer a un grupo musical de chavos. Veía el fenómeno de grupos como Menudo o Los Chamos —de quienes quizá muchos no se acuerden o no conozcan— y me parecía lo máximo. En el programa de televisión *Siempre en domingo*, de Raúl Velasco, las chicas no paraban de gritar y de bailar durante cada una de sus presentaciones. Las calles estaban llenas de carteles de esos grupos de Puerto Rico y Venezuela, y adonde fueras escuchabas "Súbete a mi Moto", "Ven Claridad" de Menudo o "Canta Chamo" de Los Chamos.

En 1982, mientras estudiaba la prepa, conocí a Pablo Mambie, quien me invitó a formar parte de un grupo musical de chavos. Era de locos, ¡por fin estaba sucediendo justo lo que yo quería! Pablo trabajaba como coreógrafo del programa de televisión *XE-TU* y tenía una casa que acondicionó como escuela de jazz en avenida Patriotismo, casi esquina con Viaducto. Quería subirse a la ola de grupos musicales y creó el concepto del grupo Chévere, donde cada integrante, supuestamente, era de diferente nacionalidad: cubano, mexicano, brasileño y puertorriqueño. A mí me tocó ser el brasileño.

Antes de entrar al grupo, debía sortear un obstáculo enorme: mis papás. Cuando les conté acerca de mis planes, se negaron de inmediato. No querían bajo ningún concepto que yo me metiera en eso. En aquel tiempo, en muchos sectores conservadores de la sociedad de México el medio artístico era muy mal visto. Mi papá, como buen macho mexicano hecho a base de trabajo y madrazos, no iba permitir que su hijo fuera cantante o actor, por miedo a que me volviera drogadicto. Tuve muchas diferencias y agarrones con él por ese tema y en varias ocasiones me dijo: "Mientras vivas en esta casa, se hace lo que yo digo, cuando te vayas haces lo que quieras".

Así, tomé una de las decisiones más fuertes de mi vida: irme de la casa. Tenía un sueño e iba a hacer todo lo necesario para hacerlo realidad. Al despedirme de mi papá recuerdo que le dije: "Te voy a demostrar que puedo estar en el medio artístico con tus valores y sin perderlos, tienes que confiar en mí, me voy a volver famoso y no me voy a volver drogadicto". Las ideas de mi papá eran un reflejo del pensamiento de gran parte de la sociedad mexicana en aquellos años. Por su educación, todo lo que oliera al medio artístico era algo perverso. En aquel tiempo a nadie le pasaba por la cabeza que ser drogadicto era una enfermedad. Mi mamá apoyaba a mi papá y pensaba lo mismo que él porque tuvo la misma formación y educación; en ese tiempo, eran muy conservadores y siempre se han respaldado el uno al otro. Tenían miedo de que me pasara algo malo, lo hacían por cuidarme: a final de cuentas, era y sigo siendo su hijo.

Como ya había decidido que para ser famoso tenía que irme de la casa de mis papás, me fui unos días a casa de mi tía Paty, la hermana menor de mi mamá, que era sobrecargo de una línea comercial, y su esposo, piloto. Les agradezco que me hayan recibido en su hogar. Poco después, me fui a vivir a casa de mi amigo Juan Carlos Cañete.

La idea de Pablo era primero tener éxito y hacernos famosos fuera de México, por aquello de que nadie es profeta en su tierra. Ése sería otro obstáculo a vencer: por ser menor de edad, mis papás tenían que acceder a darme el permiso para salir del país. Pablo fue quien los convenció; yo hice el compromiso con ellos que si en un año no funcionaba el proyecto de Chévere, regresaría a estudiar. A regañadientes, aunque no muy convencidos, aceptaron darme su permiso. Creo que se dieron cuenta de que no iban a hacerme cambiar de opinión.

Pablo era amigo de las estrellas del momento y nos deslumbraba su amistad con actrices de la talla de Lucía Méndez. También era un hombre con mucha labia, sabía vender y convencer a la gente de que tenía entre sus manos un grupo que iba a tener éxito. Al poco tiempo de ensayar, empezamos a hacer giras con el grupo Chévere. Vivimos en Miami, Nueva York y Puerto Rico. El grupo nunca despegó totalmente, pero por increíble que pueda parecer, con una maqueta de tan sólo cuatro canciones llegamos a presentarnos en grandes programas de televisión, como con Charityn y Rolando Barral. A pesar de esto, casi no teníamos para comer. Cuando estuvimos en varias de las ciudades de Estados Unidos, Pablo Mambie nos metía a todos en un cuartito que había conseguido a base de saliva, nos dejaba solos y se iba a ver si conseguía una presentación o nos daban entrada para otros programas de televisión.

Cuando conseguía una lanita, nos llevaba a un restaurante de comida rápida donde hubiera bufete y nos turnábamos para ir a la barra y comer. Nos servíamos todos por el precio de uno; claro, a veces nos cachaban y nos corrían. Pasamos mucha hambre, pero nos aguantábamos porque queríamos alcanzar nuestro sueño de ser un grupo famoso a como diera lugar.

Cuando llegamos a Nueva York, entró otro chavo al grupo, y estando en la Gran Manzana nos llevaron a todos a una iglesia cristiana. La gente de esa congregación nos arropó no sólo con su cariño, sino que literalmente nos vistieron a todos. Nos dieron chamarras, suéteres y comida, y nos convirtieron a cristianos en la iglesia Born Again Christian.

En Miami, gracias a la labia de Pablo, vivimos en Ibiscus Island, una de las zonas más exclusiva de Florida, donde sólo se podía entrar en yate. Pablo consiguió que le prestaran un departamento de alguien que daba servicio de mantenimiento en alguna de las casas. El lugar tenía muelle y una vista sensacional, pero, como siempre, todo el tiempo teníamos hambre. Cuando Pablo nos dejaba solos, tratábamos de pescar algo junto al muelle.

Durante una temporada, llegamos a vivir con unas fans que nos adoraban; tenían una casa tipo camper en un parque de remolques y ahí nos quedábamos los cinco chavos, Pablo y la familia de las fans. También vivimos en la casa de Iván, un integrante del grupo, en donde dormíamos todos en una sola habitación. Pero yo no tenía ninguna necesidad de vivir así, y en esos momentos de incertidumbre, hambre y soledad recordaba mi casa de Paseos de Taxqueña y me cuestionaba si valía la pena pasar tantas penurias sin ver resultados concretos.

Mientras perseguía mi sueño de ser artista con el estómago vacío y la cabeza llena de ilusiones, mis papás encontraban excusas para aparecer en la ciudad donde nos encontrábamos. Cuando estaba en Miami, utilizaban a mi hermano Rubén

—que estaba estudiando aviación en la misma ciudad— como excusa para visitarnos. Siempre estuvieron pendientes de mí y cuando llegaban adonde estábamos, nos llevaban a todos a comer. Ellos se comunicaban con los papás de los demás y los tenían al tanto de cómo nos encontrábamos. Seguían en desacuerdo con lo que estaba haciendo, pero sin importar dónde estuviera el grupo, ellos programaban algún viaje para vernos. Siempre me hacían la misma pregunta: si aún quería seguir en el grupo. A pesar de morirme de hambre la mayor parte del tiempo, de no haber logrado nada concreto y vivir en cuartitos, necesitaba demostrar que podía tener éxito. Por ego, orgullo y deseos de triunfo, había aguantado de todo. ¿Cómo iba a aceptar que mis papás tenían razón?

Fue en esta etapa que probé por primera vez en mi vida una droga: la cocaína, que estaba muy de moda en ese entonces, sobre todo en el ambiente en el que nos movíamos en Miami. El integrante cubano del grupo, que realmente venía de Cuba, nos regaló una bolsa de cocaína para que la probáramos. Más adelante me enteré de que su hermana estaba casada con un narcomenudista de bajo nivel que vendía drogas en las calles de Miami, y tal vez estaba buscando nuevos clientes.

Estábamos en una sesión de fotos en el famoso hotel Fontainebleau. Cada vez que nos cambiábamos de ropa en el baño, todos los del grupo nos metíamos un pase. Fue un exceso y algo que hicimos con total desconocimiento de la droga: ni siquiera sabíamos cómo se inhalaba y consumimos una cantidad brutal. Estábamos eufóricos por el efecto, una sensación desconocida que percibíamos en la boca, las encías, la lengua, la nariz y el cuerpo entero. El corazón nos bombeaba a tope mientras estábamos en la alberca. Estoy seguro de que quienes estaban a nuestro alrededor se dieron cuenta, pero nadie hizo nada, a pesar de que eran adultos y nosotros prácticamente unos niños. Después de terminar la sesión de fotos, seguíamos superacelerados por el efecto de la cocaína. Nos fuimos a otros lados y seguimos la fiesta sin poder dormir por casi dos días. Hoy sé que todos corrimos el riesgo de sufrir un infarto por la cantidad de droga que inhalamos.

Después de esto, me sentí fatal: me generó una cruda inmensa y además me sentía muy culpable por haberle fallado a mis padres. Me di cuenta de que había pasado justo lo que ellos temían, la razón por la que no querían que me fuera a Miami ni que fuera artista: la inmadurez me había hecho querer vivir y experimentar cualquier cosa que se me presentara, sin medir las consecuencias de mis acciones. Corrí el riesgo de quedarme atrapado y adicto por una decisión desafortunada. Esta experiencia me reveló algo muy triste: es más fácil que te regalen un pase o una cerveza que te inviten a comer. En esa época, cuando batallábamos tanto para conseguir dinero para nuestra próxima cena, teníamos un sinfín de drogas y alcohol a nuestra disposición. Eso me alejó por siempre de las drogas.

Por fortuna, no me hice adicto. A pesar de mi edad, tuve el valor y la fuerza de voluntad para aguantar y no pedir más. Creo que soy de los pocos casos de personas que han probado la droga sin quedar enganchadas. Era una droga muy común, que te daba estatus y fluía libremente en las discotecas. No dudo que muchos de los grupos lo hayan vivido y hayan quedado enganchados. Para mi buena suerte, mi adicción siempre fue el ejercicio, y eso me salvó.

No fue la única experiencia difícil que tuve en Miami. Otro día, paseando en un centro comercial, entré a una tienda de ropa y se me hizo fácil llevarme sin pagar un pantalón que me gustó. No sé por qué lo hice, fue casi por inercia: entré al vestidor, me desvestí, me puse el pantalón de la tienda y sobre ése el mío, y me fui. En cuanto salí de la puerta del centro comercial, había dos patrullas esperándome. Me detuvieron y me llevaron esposado.

En ese momento, sentí un terror horrible: estaba en un país que no era el mío y sólo podía pensar en la decepción que les iba a causar a mis padres. Yo les había prometido que iba a hacer las cosas bien, y ahora estaba detenido como delincuente por robar unos pantalones. ¿Con qué cara les iba a pedir ayuda?

Por suerte, el juez al que le asignaron mi caso fue benévolo. Entendió que había sido una travesura de adolescente y como no tenía ningún antecedente penal en Estados Unidos, me condenó a treinta y seis horas de servicio comunitario. Tuve que limpiar parques, cortar el césped y mantener jardines hasta que cumplí con las horas asignadas. No quedó registro en mi expediente de lo que había hecho.

En retrospectiva, comprendo que tuve muchísima suerte de haber cometido esa clase de estupidez en Estados Unidos y no en México. Si esto hubiera sucedido en mi país, tal vez habría terminado en la cárcel y mi vida hubiera cambiado para siempre. Estoy convencido de que el sistema penal mexicano debe modificarse. ¿Cuántos jóvenes están en la cárcel por robar un pantalón, una lata de atún o una bolsa de pan? Pienso en ellos y llega a mi mente la angustia que viví. En México, cuando un joven comete un error como el mío se le criminaliza, acusa y estigmatiza, no se le da la oportunidad de resarcirse. Muchos pasan meses o años sin ir a juicio y recibir una sentencia. Nuestro sistema legal, lejos de ayudarlos, los daña. Es necesario buscar un cambio en la impartición de justicia que incluya el trabajo comunitario, para que un joven como yo pueda convertir un error en una experiencia positiva que lo regrese al camino del bien.

Estuve un año en esa aventura en la que no logré ser parte de un grupo famoso y perdí el curso en la escuela. Después de algunas de las experiencias negativas que viví, honré la palabra que les había dado a mis papás, dejé Chévere y regresé con ganas de estudiar y comprometido a concentrarme en los estudios. Cumplí mi promesa.

Hace unos meses me reuní con los chavos de Chévere a recordar esa época y compartir anécdotas con ellos. Ninguno continuó en el medio artístico, algunos viven fuera de México, en Miami y en Puerto Rico, otros en la Ciudad de México y Puerto Vallarta; la mayoría son empresarios.

Lo último que supe de Pablo Mambie es que cambió de género y de identidad. Desconozco dónde vive o cómo se llama actualmente; desde hace muchos años, perdí todo contacto con él, pero siempre será una parte esencial de esa corta etapa de mi vida que me recuerda que en el fondo siempre seré ese joven que se atreve a perseguir sus sueños, sin importar lo que le cueste.

Regresé a México a terminar mis estudios, cumpliendo con la palabra que les había dado a mis padres, y entré a la preparatoria en el ISEC. Era un sistema de puertas abiertas, algo nuevo para mí. Por primera vez, no estaba en un régimen controlado que me forzara a entrar y salir a una hora determinada. Nadia me obligaba a nada, ¡hasta se podía fumar en los salones!

Yo sentía que por estar en prepa ya estaba en otro nivel. Ahí empecé a fumar cigarrillos. La realidad es que lo hice porque buscaba aprobación social; ni siquiera me gustaba fumar, pero todos mis amigos de la escuela lo hacían y a mí me hacía sentir mayor, como un adulto. Fumábamos en todas partes: en la escuela, en las fiestas y reuniones. Cuando eres joven, lo que más te importa es pertenecer con tus compañeros, así que yo seguí haciéndolo.

En una de esas fiestas de prepa, también pasé por la borrachera más fuerte de mi vida. Me invitaron a una fiesta cerca de donde vivía con mis papás, en la colonia Paseos de Taxqueña. Después de estar un rato en la fiesta, un amigo que era mayor sacó una botella de tequila y nos fuimos a tomar a un parque cercano. Me sentía como todo un adulto echándome unas copas de tequila, como si eso me hiciera dueño de mis decisiones y mi futuro. En realidad, era un adolescente inmaduro.

No sé cuánto tiempo estuvimos bebiendo en el parque, cómo llegué a mi casa o cómo entré. Traté de no hacer ruido, pero fue imposible y se despertaron mis papás. Cuando vio la condición en la que estaba, mi papá comprendió que no era momento para llamarme la atención ni reprenderme, porque no iba a entender ni recordar nada de lo que dijera. Mi madre me llevó a mi cuarto, me ayudó a desvestirme y a acostarme. Sentí que el mundo se me venía encima, mi cuarto giraba para todos lados, no podía controlar mi mente ni el estado de mi cuerpo. Intenté bajar el pie para "hacer tierra", pero no servía de nada. De pronto, me di cuenta de que estaba vomitando en mi cama. Mis padres estaban preocupados y al pendiente de mí, y por fortuna se dieron cuenta. Entre los dos me levantaron y me metieron a la regadera con agua fría, mientras limpiaban mi cama. Mi mamá me preparó un café bien cargado y sin azúcar. Salí de la regadera y me lo tomé sentado en el piso, temblando de frío, tapado con una toalla. Eso me ayudó un poco y por fin me pude dormir. Fue una de las peores noches de mi vida.

Recuerdo perfectamente que al día siguiente mi papá entró a mi recámara con un vaso en una charola y me dijo que con eso me sentiría mejor. Pensando que era agua o jugo, me lo tomé en dos tragos. De inmediato, corrí al baño para vomitar: era un vaso lleno de tequila. Mi papá lo había hecho para darme una lección. La cruda me duró ocho días y hasta el día de hoy no aguanto el olor a tequila. Mis padres se preocupaban mucho por mí, y cualquier padre o madre puede entender: nos preocupamos por nuestros hijos, queremos que nada los dañe y que sean felices. Pero todos hemos sido adolescentes irresponsables e inmaduros también, con ganas de comernos el mundo. No es hasta que tienes hijos que comprendes a tus padres.

Mi tiempo de rebelde, en el que fumaba y tomaba, duró poco tiempo: en cuanto empezaron los entrenamientos de futbol americano —en ese tiempo jugaba con las Águilas Azules—, dejé todos esos vicios para concentrarme en mi verdadera adicción: el deporte. Los entrenamientos eran muy intensos y los *coaches* implacables. La importancia de los entrenamientos no sólo tiene que ver con ganar partidos, sino también con estar preparados, fomentar la disciplina y evitar lesiones. Cuando retomé el entrenamiento, sentía un malestar constante en la garganta y tosía todo el tiempo, no podía correr como antes y sentía como si mi cuerpo fuera otro.

Me di cuenta de que toda mi dedicación se había ido a la basura por sólo dos meses de fumar. Esto me bastó para tomar la decisión de dejar el cigarrillo; siempre he sido competitivo y quería ser el más rápido, el que aguantaba más y el que sobrepasaba las exigencias de los *coaches*.

Estas experiencias me alejaron definitivamente del alcohol y el cigarro. No soporto las crudas y el olor a tequila me siguió provocando náuseas por muchos años. Mi cuerpo no está hecho para tolerar las sustancias y eso se lo debo a la actividad física y el deporte que he practicado desde niño.

Estudiante, modelo y Televisa

Mientras estudiaba en la prepa, comencé mi carrera en el mundo del modelaje, que más tarde me llevaría a Garibaldi y al mundo de la televisión. En ese momento, yo desconocía por completo cómo funcionaba esa industria, no tenía idea de cómo se seleccionaba a las personas que salían en comerciales y que veía en la televisión. Era la época en la que personajes famosos como Lucía Méndez, Héctor Bonilla, Saúl Lizaso y Alfredo Adame aparecían anunciando productos de todo tipo, y varios de ellos saltaron a la fama desde ahí. Recuerdo perfectamente que la frase "agarrar la jarra" nació de una campaña de Bonilla para Bacardí.

En 1983, cuando tenía diecisiete años, un amigo fotógrafo me dijo que podía ser modelo y me propuso hacerme un estudio fotográfico sin cobrarme a cambio de que le permitiera utilizar mis fotos para renovar su catálogo. Me recomendó que llevara las fotos a las agencias de modelos, y como no tenía nada que perder, decidí probar mi suerte: averigüé adónde ir y comencé a tocar puertas.

Llevé mis fotografías a la Zona Rosa, donde estaban las agencias importantes, como la de Aníbal y Tania, de Aníbal Ganem y Tania García Lambarri, y la de Gustavo Romo. Ahí me cruzaba con modelos que ya eran totalmente profesionales: todos eran muy altos, venían de todo el mundo —en particular, de Argentina y Venezuela—, y llevaban sus portafolios con trabajos anteriores que demostraban toda su experiencia previa. Yo no tenía experiencia ni la estatura que por lo general se esperaba de un modelo. Pero como me gustan los retos, me aventé al ruedo. Como siempre me mantuve en buena forma gracias al deporte, me empezaron a llamar para hacer campañas de trajes de baño.

Modelar era un pasatiempo. Al principio, ganaba muy poco, pero vivía con mis papás y no tenía gastos fijos, por lo que podía gastar en lo que quisiera lo que ganaba (entre trescientos y seiscientos pesos). Iba a todos los castings que me mandaban y hasta me colaba a algunos que me enteraba por boca de otros modelos con los que comencé a hacer amistad. Como suele suceder al inicio de cualquier carrera, al principio casi no me elegían, pero no dejé de intentarlo.

Por fin, logré mi primer comercial de televisión: fui la primera cabeza de cebolla de chicles Clorets. De ahí arranqué y anuncié helados Bing, tenis Panam, Ocean Pacific, Gillette, Topo Chico, Nescafé Frappe, Jovan Musk Oil y muchas marcas más. Aprendí que había campañas en las que pagaban más, como los catálogos de Suburbia. Se pusieron de moda las pasarelas musicales y tuve suerte, porque no todos los modelos bailaban, pero a mí se me daba muy fácil. Ahí conocí a Xavier Ortiz e hicimos muchas pasarelas juntos. Xavier se convirtió en mi hermano de vida y tuvimos la suerte de trabajar juntos en el grupo que cambiaría nuestras vidas.

El Mundo Marlboro agrupaba a los *top models* de esos años, era el grupo elite del modelaje. Pertenecer a ese grupo era como ser un *rockstar* del modelaje, y yo me uní a ellos. Todos eran mucho más altos que yo, y estoy convencido de que entré no por mis atributos físicos, sino por mi actitud y disciplina. Mucha de la ropa que modelábamos venía de Europa y era de tallas para modelos mucho más altos que yo, pero no me importaba. Siempre me ponía la ropa y la hacía lucir con mi forma desenfadada de portarla. Lo que me faltaba en estatura lo compensaba con mi estilo: me arremangaba las chamarras y camisas, y caminaba con gesto retador, porque siempre salía al frente en las pasarelas gracias a mi estatura.

Desfilé junto a los modelos más famosos de la época, como Glenda Reina, Ricardo Estrásula, Altia Castro, Ricardo Silva, Fernando Sfatti, Mayra Rojas, Víctor Noriega y Xavier Ortiz. Los desfiles y pasarelas más importantes eran los que organizaban Beatriz Calles, Jack Ross y Javier Quintana, y siempre me contrataban por mi forma de ser y mi dedicación al trabajo. A fin de cuentas, en vez de ver una desventaja en mi estatura, lo vieron como una virtud y la aprovecharon al máximo.

Aunque a mi familia no le encantara mi pasatiempo, tampoco me pusieron trabas para lograrlo, y yo creo que mis padres estaban orgullosos de mí en secreto. En aquel entonces, existía el mito urbano de que si usabas arete en la oreja derecha eras gay y si lo usabas en la izquierda no, y yo decidí ponerme un arete y así andaba en la calle y cuando modelaba, pero me lo quitaba antes de regresar a casa, porque para mi padre eso no estaba bien. Mis hermanos me hacían bromas todo el tiempo por querer ser modelo, me decían que estaba muy chaparro, que de dónde sacaba que podía modelar. Poco a poco los fui callando, pues empecé a salir en la tele y mi carrera comenzó a crecer. Para mis papás, lo importante era que continuara con mis estudios, que terminara la prepa y asistiera a alguna universidad.

Cuando estaba próximo a graduarme de la preparatoria, me enteré de que se iban a realizar los exámenes de admisión para entrar a la Universidad Iberoamericana, que estaba a unas calles de nuestra casa en Paseos de Taxqueña, en la Campestre Churubusco. Sin pensarlo mucho y a pesar de que estaba fuera de mis posibilidades económicas, saqué mi ficha y presenté mi examen. No tenía muchas expectativas, pues la Ibero era y es una de las universidades más prestigiosa del país y había cientos de chavas y chavos aplicando. Me sorprendí bastante cuando salieron los resultados y encontré mi nombre en la lista de aceptados.

Decidí hablar con mi papá y le dije que quería estudiar en la Ibero la carrera de Administración de Empresas. Él estaba muy orgulloso de que me hubieran aceptado en una universidad de ese calibre, y aun cuando la colegiatura representaría un gasto considerable, me dio todo su apoyo. Así, en 1985 comencé mis estudios universitarios. La Ibero tenía fama de ser una universidad de chavos fresas, a pesar de que la mayoría de los edificios estaban en ruinas desde un terremoto en 1979 que derrumbó 90 por ciento del campus. Yo asistía a clases en lo que llamábamos los gallineros, unas estructuras prefabricadas que tenían techo de lámina, mientras terminaban de construir el campus que hoy está en Santa Fe, y que se inauguró en 1988. Me transportaba a mis clases en una Vespa Ciao, que era mitad bici y mitad moto, y así me movía entre los edificios.

En esta época de universitario, sucedió el terremoto de 1985. Lo recuerdo como si fuera ayer: a las 7:45 de la mañana del 19 de septiembre me encontraba en la universidad cuando empezó a moverse todo, los pupitres, las paredes y los techos de los gallineros. Todos los que vivimos en la Ciudad de México estamos acostumbrados a los temblores, pero ése fue terrible porque duró muchísimo tiempo. Cuando la tierra dejó de moverse, todos nos quedamos paralizados, en silencio, viendo el terror en los ojos de nuestros compañeros por unos minutos. De pronto reaccioné, me preocupé muchísimo por mi familia y salí disparado hacia mi casa.

El camino, que en realidad era bastante corto, me pareció eterno. Vi que algunas fachadas habían caído encima de los coches y vi otros edificios con daños estructurales. Algunos de los cables y semáforos de las esquinas se seguían moviendo. Me daba terror pensar en lo que me podía esperar cuando llegara a mi casa. Por fortuna, el único daño fue un candil de cristal que se cayó en medio de la escalera. Todos estaban bien.

Cuando mis compañeros y yo nos enteramos de la gravedad de los daños que había ocasionado el terremoto en toda la ciudad, fuimos los primeros en organizarnos para hacer un centro de acopio. Gran parte de los estudiantes nos hicimos voluntarios para ayudar a ordenar, clasificar y enviar lo que generosamente mandaban personas de todo el país. Algunos acudimos a las zonas donde había edificios colapsados a ayudar a mover escombros, quitar piedras y abrirles paso a las ambulancias, trabajando junto a miles de mexicanos solidarios. Me tocó ayudar a sacar los cuerpos de personas menos afortunadas que perdieron la vida en el sismo; fue una experiencia terrible. Hay un México antes y después del terremoto de 1985.

La ciudad fue retomando algo de normalidad con el paso de los meses. A pesar del desastre, como siempre, la vida siguió su curso. Retomé mis actividades, repartiendo mi tiempo entre los estudios de la universidad, entrenar con la selección de voleibol de la Ibero, el tiempo con mi familia y mi carrera de modelaje. Sin buscarlo, durante mis últimos semestres de la universidad comenzó mi etapa de Televisa y nació Garibaldi. Salir en la televisión en programas con tanto *rating*, como *La edad de oro* y *Papá soltero* me llenaba de orgullo y me hacía sentir lo máximo.

Garibaldi, ¿cantan o no?

Aunque entrar a Televisa y formar parte de Garibaldi no era algo que estuviera buscando, parecía la evolución natural de mi carrera. En ese momento, mi energía estaba enfocada en terminar mis estudios y seguir con mi pasatiempo como modelo. Un día, Jack Ross, quien organizaba pasarelas y eventos de moda en México, me llamó porque necesitaba un bailarín para el programa de *Los Heraldos* de 1985. Fui a la audición; para mí, era un *casting* más, nunca pensé que mi vida estaba a punto de cambiar para siempre.

Era la primera vez que entraba a las oficinas de Televisa. Por equivocación, me metí por la puerta por donde sólo entraba Don Emilio "el Tigre" Azcárraga. Los de seguridad me sacaron casi cargando hasta la calle y me dijeron por dónde debía pasar. Ésa fue la primera vez que entré a la que sería mi casa por muchos años.

Cuando llegué al foro donde iban a hacer los ensayos de *Los Heraldos*, me impresionó ver a los bailarines profesionales. Todos portaban calentadores hasta las rodillas, que estaban de moda gracias a la película *Flashdance*, y mallas con zapatos de jazz. Mientras los veía calentar, levantando las piernas hasta el techo, me pregunté qué carajos iba a hacer yo ahí. No tenía ni de cerca el talento o la experiencia de los otros bailarines. Pero como no soy de los que se rajan, me armé de huevos y puse toda la actitud. Observé a los demás y me aprendí los pasos. Las clases de jazz con Mambie y los ensayos con el grupo Chévere fueron de gran ayuda; mi determinación y ganas de hacerlo bien me ayudaron a destacar. Me seleccionaron para salir como bailarín y me pusieron en medio y al frente porque, según me dijeron, yo era más galán que los demás.

Ese año se presentarían obras musicales de teatro, como temas de *José el soñador*, *El diluvio que viene*, *Vaselina*, *La tiendita de los horrores*, *El violinista del tejado* y *Chorus Line*. Nosotros éramos el ensamble de bailarines que hacíamos las coreografías de atrás. Así conocí a Luis de Llano Macedo, que era el productor del programa, y a Mario Lafontaine. Cuando terminó el programa, Mario me llamó y me dijo: "¿Tu qué haces aquí de bailarín? Ven a verme la próxima semana a la oficina de Luis".

Por supuesto que hice caso y lo fui a ver la siguiente semana. Así empecé a participar en varios programas: hice algunos capítulos de *Papá soltero*, *La edad de oro*, *¡Cachún cachún ra ra!* y *Música futura*. Todas eran producciones de Luis de Llano, que en aquel tiempo era como el rey Midas de Televisa. Sin tener estudios ni clases de actuación o canto previas, tuve la suerte de trabajar al lado de grandes actores y actrices, como Rita Macedo, Manola Saavedra, Rosita Arenas, Virma González, Sergio Jiménez, Julissa, Sergio Ramos "el Comanche", Adrián Ramos, César Costa, Lilia Aragón y muchos más. Me encantaba estar ahí, descubriendo un mundo maravilloso y compartiendo escena con íconos del medio artístico. A todos los trabajos que me proponían, decía que sí.

Luis de Llano siempre estaba buscando nuevos proyectos y tenía grupos de cantantes, actores, actrices y modelos a los que preparaban y daban clases. Así, comencé a capacitarme con maestros de gran nivel y empecé a desenvolverme mejor ante las cámaras. Entre mis maestros estuvieron Sergio Jiménez, Adriana Barraza, Jacqueline Voltaire, Patricia de Llano, Martha Zavaleta y Rita Macedo. No se me subió a la cabeza lo que estaba viviendo, me lo tomaba con calma y seguía enfocado en mis estudios en la universidad.

En 1989, México fue sede de Miss Universo. El certamen sucedería en Cancún. Luis y Mario Lafontaine me invitaron a formar parte de un grupo que sería parte del concepto de la noche mexicana que estaban organizando para presentar el espectáculo de Miss Universo. Para mí siempre había sido un sueño formar parte de un grupo de chavos, pero en éste también iban a participar mujeres, y eso no me llamaba la atención, y tampoco el hecho de que se trataba de cantar música mexicana vestidos de charros. Sin embargo, lo pensé bien y al final decidí aceptar; total, se iba a hacer sólo para la noche mexicana. Significaba un viaje a Cancún con todos los gastos pagados, donde iban a estar las mujeres más hermosas del mundo. También acompañaríamos a algunas de las participantes a los eventos previos al concurso. Fue una decisión que cambió mi vida.

Cuando se estaba conformando el grupo, las mujeres ya estaban integradas: Paty Manterola, Luisa Fernanda, Katia Llanos y Pilar Montenegro, que venía de Fresas con Crema. Todas habían intentado sustituir a Thalía en Timbiriche, y aunque habían elegido a Biby Gaytán, habían quedado en el radar de Luis. Cuando llegué a la junta en la oficina de Luis de Llano, además de las chavas estaban Charly López, un hombre alto y moreno con mucha chispa a quien Luis había sacado de un Chip and Dale, Víctor Noriega y Bobby Larios. Esperaban a otro cuate que trabajaba en un antro, pero nunca llegó a la junta. Todos traían el mismo aspecto: cabello largo, camiseta negra, gabardinas sin mangas y pantalones metidos dentro de las botas, muy al estilo de Duran Duran, pero tirándole más a roqueros. A los de la producción les gustó que Víctor y yo nos viéramos más fresas, menos roqueros, y decidieron que faltaba otro chavo con esa apariencia. De inmediato, pensé en Xavier y le llamé por teléfono. Me tardé sólo unos minutos en convencerlos, y en menos de una hora él ya estaba en la entrevista. Al final, quedamos las chavas, Víctor, Xavier, Charly y yo como parte del grupo; realmente fueron las chicas, junto con Mario Lafontaine, quienes eligieron a los integrantes masculinos.

Así, nos lanzamos a Cancún para presentar la noche mexicana. En el espectáculo participaban alrededor de dieciséis personas, pero el espectáculo giraba alrededor de nosotros ocho y fue un éxito. Ese año, Adriana Abascal participó como Miss México y quedó en quinto lugar del certamen; después se convirtió en esposa de Emilio Azcárraga.

Además del espectáculo de la noche mexicana, Xavier, Víctor y yo participamos como modelos para videos de cápsulas turísticas y en la presentación de las concursantes. Fue una experiencia muy especial, además de que me encantaba poder convivir con las mujeres más bellas del mundo.

Tras el éxito del programa de Miss Universo, Raúl Velasco habló con Luis para invitarnos al programa de *Siempre en domingo* de la siguiente semana. Luis reconoció el gran potencial del grupo que había creado para un solo evento y decidió concretarlo para otros proyectos. Así nació Garibaldi.

En aquel tiempo, estar en *Siempre en domingo* era una garantía de que te verían millones de personas. Si les gustaba lo que hacías, podía despuntar la carrera de cualquier artista. Garibaldi tuvo tanto éxito que nos invitaron durante siete semanas seguidas, y Raúl nos siguió invitando por muchos años más. Quizá si él no hubiera hecho eso, no habríamos crecido tanto.

Cuando Luis decidió crear Garibaldi para el espectáculo de Miss Universo, ya tenía cuatro canciones del productor español Óscar Gómez, que quería presentar en el espectáculo. La música nació antes que el grupo, y nosotros sólo bailábamos e interpretábamos la música; de ahí viene el mito de que no cantábamos. La realidad es que no grabamos en estudio las canciones de los discos, pero en los conciertos siempre interpretábamos en vivo. Sí hubo momentos que hicimos *playback*, como al principio, cuando nos presentábamos en las plazas y cuando en la televisión interpretábamos los temas que nos mandaba Óscar Gómez desde España, pero en los conciertos siempre cantamos en vivo.

Grabamos en el estudio en varias ocasiones: un especial de Navidad; la canción "Siempre fiel", que se grabó para una de las visitas de Juan Pablo II; la versión en español de "Somos el mundo", y un tema para la campaña de Solidaridad del gobierno de Carlos Salinas de Gortari, por ejemplo. Y colaboramos con artistas como Lucía Méndez, Vicente Fernández, Ana Gabriel, Cristal, Angélica María, Magneto, Tania Libertad, Angélica Vale, Pedro Fernández, Gloria Estefan, Ricky Martin, José Feliciano, Andy García, Shakira, Thalía, Luis Fonsi, Chayanne y Juan Luis Guerra, entre muchos más.

El éxito de Garibaldi fue inmediato. En todas las plazas, los promotores se arrebataban las fechas para contratarnos. Teníamos tanto trabajo y tantas presentaciones que nos era físicamente imposible grabar las voces en los discos. Llegamos a hacer treinta y dos fechas en un mes, porque un día hicimos dos presentaciones en distintas plazas. Al principio, sólo teníamos una lista de cuatro canciones y hacíamos espectáculos de una hora con playback en las plazas, que era lo más común en esa época. Cuando la fama del grupo empezó a crecer y nos pedían que nos presentáramos en palenques y plazas más grandes, Luis se dio cuenta de la necesidad de meter músicos en vivo y más canciones, y decidió incluir mariachis para agrandar el espectáculo. Las chavas, que cantaban muy bien, interpretaban canciones de mariachi en vivo, y los hombres hacíamos los coros. Habíamos ensayado tanto las canciones que nuestro espectáculo era impecable, y eso llevó a muchos a la falsa creencia de que siempre hacíamos *playback*.

La prueba más contundente de nuestras interpretaciones cantando en vivo fue en Viña del Mar, ante el "Monstruo de la Quinta Vergara". No es un reto fácil; muchos artistas de renombre se han presentado ahí y han sido abucheados y bajados del escenario a media presentación. El público de Viña del Mar no perdona a quien canta mal, no gusta o no conecta con el público. Nosotros nos presentamos en dos ocasiones diferentes y en las dos nos otorgaron el reconocimiento de la Gaviota de Plata. También nos presentamos en la Feria del Libro de Fráncfort, en Alemania, y en Sevilla 92. Ahí nos vio Óscar Gómez, el productor de las canciones de Garibaldi, en la plaza de Sony. Nos felicitó porque, según él, no se notaba que era *playback*. No lo podía creer cuando le dijimos que estábamos cantando en vivo, pues sonábamos igual al disco.

Después de eso, vivimos dos meses en Ibiza haciendo el programa *Verano en Ibiza*, y fuimos conductores invitados en un programa de Tele Cinco con Bertín Osborne y Concha Velasco. De la noche a la mañana, todos sabían quiénes éramos los integrantes de Garibaldi. Nos convertimos en un fenómeno; en ese momento, no dimensionábamos lo que estábamos viviendo, éramos muy jóvenes para disfrutar y apreciarlo. El éxito llegó tan rápido que nosotros asumimos que era normal que se agotaran las entradas de nuestras presentaciones.

El fenómeno de Garibaldi se dio en un contexto en el que era mucho más complicado tener éxito a nivel internacional; el internet estaba en pañales, apenas empezaba a utilizarse el correo electrónico y las noticias no viajaban tan rápido como lo hacen ahora. No puedo imaginar qué hubiera pasado si Garibaldi hubiera contado con el impacto de las redes sociales, como Instagram o TikTok. Aun así, la fama del grupo alcanzó rincones lejanos del mundo y nos llevó hasta Marruecos: al rey Hassan II le gustaba mucho la música de Garibaldi y, cuando se enteró Alejandro Vargas, hijo de Pedro Vargas, decidió llevarnos a conocerlo.

El rey contrató al grupo y viajamos a Marruecos rodeados de lujo, en un avión de la línea aérea propia del gobierno de ese país. Como no existía el internet, conocimos a la familia real primero en fotografías del aeropuerto, luego en los billetes que cambiamos y al final, en persona. El rey Hassan II siempre nos trató de manera muy especial. Cuando llegamos por primera vez, nos dio un regalo a cada uno: a las chicas unos cinturones de oro incrustados con piedras preciosas y a los hombres una cartera con hilos de oro, plumas y llaveros de oro marca Asprey, hechos exclusivamente para la familia real con el monograma HII. Esa marca fabrica artículos para familias reales, como la británica, española y marroquí.

La experiencia en Marruecos fue muy interesante porque teníamos que adaptarnos a las costumbres y reglas del país. Mientras estábamos ensayando, el jefe de protocolos del rey nos instruía sobre cómo debíamos presentarnos. Sólo le podíamos cantar al rey y a nadie más, y no debíamos darle la espalda en ningún momento. Además, no debíamos voltear a ver a las mujeres que estuvieran en el público, sobre todo, los hombres. Esto era complicado, pues dábamos el espectáculo en un gran salón, con una gran alfombra en medio que daba hacia el trono del rey y detrás de él había un biombo que dividía a hombres y mujeres. Cuando nos dejábamos llevar por las coreografías y el espectáculo, y nos acercábamos demasiado al lado de mujeres, el personal de protocolo nos alertaba rápidamente y nos hacía señas para que cambiáramos de dirección. Durante la presentación, el rey estaba tan contento que se levantó de su trono, le quitó las baquetas al percusionista y empezó a tocar. Nosotros no sabíamos si seguirle cantando al vacío, cantar de espaldas al rey o voltear hacia la batería.

A pesar de los errores de protocolo que tal vez cometimos, el rey quedó tan complacido con nosotros que nos volvió a invitar, esta vez a que cantáramos mientras nuestras canciones eran interpretadas por la Real Orquesta Sinfónica de Marruecos. Cuando terminamos el espectáculo, el jefe de protocolo nos informó que el rey quería que volviéramos a presentarnos, pero todavía no había decidido cuándo. No sabíamos qué hacer, porque estaba programado que regresáramos a México al día siguiente dado que teníamos otros compromisos por cumplir, como conciertos y espectáculos privados. Entre broma y broma, pero en el fondo muy serio, el jefe de protocolo nos dijo que lo mejor era que nos relajáramos y disfrutáramos nuestra estancia. Ellos tenían nuestros pasaportes y no nos los entregarían hasta que el rey decidiera cuándo quería que cantáramos para él. Fuimos obligados amablemente a quedarnos.

En México reinaba el caos, porque no sabíamos cuándo íbamos a regresar y nuestro equipo no sabía qué compromisos debía cancelar. Pero como no podíamos hacer otra cosa, decidimos tomar el consejo del jefe de protocolo y nos relajamos. Nos llevaron a conocer las caballerizas reales, donde cuidaban caballos con valor de uno o dos millones de dólares; nos enseñaron la colección de autos de lujo del rey: doscientos Lamborghini, Rolls Royce, Ferrari y Mercedes, todos hechos especialmente para él, con el equipamiento más caro y lujoso.

Tuvimos el privilegio de visitar la mezquita de Hassan II, que aún estaba en construcción, en una isla artificial sobre el mar. Creo que la intención del rey era que tras su muerte fuese enterrado en ese lugar, pero sus restos están en el sepulcro real de Rabat, la capital del país. Como Marruecos es un país predominantemente musulmán, a las mezquitas no pueden entrar mujeres ni personas que no sean musulmanas, pero como aún estaba en construcción nos permitieron entrar en su asombroso espacio. Las paredes de mármol, adornos geométricos, acabados lujosos y minarete de doscientos metros eran impresionantes. La mezquita era enorme, podían entrar hasta veinticinco mil personas. Estoy casi seguro de que las chavas del grupo fueron las únicas mujeres que entraron ahí.

Además de la capital, nos llevaron a conocer otras ciudades importantes de Marruecos: Marrakech, Casablanca y Fez. La ciudad que más me impactó fue Fez, un lugar bellísimo lleno de mezquitas y palacios en la que también encuentras restos del mundo perdido de hace milenios. La gente monta camellos como transporte cotidiano e intercambia mercancía por medio de trueques. Me llamó mucho la atención la costumbre de regatear a gritos, muchas veces pensé que los comerciantes y compradores estaban a punto de agarrarse a golpes, pero de pronto se daban la mano con una sonrisa. Es una costumbre muy interesante de observar.

Tuvimos el privilegio de ver y disfrutar los lujos más extravagantes y compararlos con la miseria más terrible. En el Marruecos que nos tocó conocer cuando estábamos en Garibaldi, los contrastes eran brutales. Al salir de los palacios, la pobreza reinaba hacia donde llevaras la vista. La familia real vivía en la opulencia y el pueblo en la pobreza, pero para ellos, ver al rey o alguno de los príncipes o princesas era un honor, como si vieran una divinidad. En todas partes nos trataban como si fuéramos parte de la familia real. Así, fuimos testigos de todo lo que el dinero puede comprar, y por un momento hasta sentimos que formábamos parte de ese mundo por el buen trato que nos daba el rey y su equipo, aun cuando no dejábamos de ser rehenes. Como dice la canción: *aunque la jaula sea de oro, no deja de ser prisión.* Por fin, para el alivio de todos —el nuestro, el del personal de protocolo y el de nuestro equipo en México—, el rey puso una fecha para nuestro espectáculo y pudimos regresar a casa al día siguiente de cantar para el rey.

Sin embargo, ésta no sería mi última visita a Marruecos, que ya se empezaba a sentir como una segunda casa. Al príncipe Moulay Rachid, hijo del rey, le gustaba Pilar y la invitó a visitarlo en plan personal. Como no quería ir sola, me pidió que la acompañara y accedí con gusto. Pilar y yo nos fuimos de vacaciones, y aún conservo una fotografía donde posamos con el príncipe y su Mercedes de lujo; yo llevo una camisa Versace que él me regaló, muy de moda en ese entonces. Al príncipe le gustaba mucho salir de fiesta y nos llevaba de antro junto con la princesa Lala Miriam. Como siempre, teníamos que cumplir con los protocolos: para entrar a cualquier lugar, debía entrar primero el príncipe, luego todos los hombres, y las mujeres al final. Todos le besaban la mano al rey y a los príncipes; yo le hacía una reverencia, pero no le besaba la mano.

He escuchado a muchos actores decir que ojalá sus hijos no entren a esta carrera, pero yo considero que esta carrera es una bendición, porque no sólo nos ha dado de comer, sino también muchísimas satisfacciones. Yo sólo quiero que mis hijos sean felices, no me importa si eso significa que sean arquitectos, matemáticos, artistas o lo que quieran. El medio artístico es una carrera difícil, que requiere sacrificios, no es fácil destacar y tener éxito, pero te da mucha satisfacción y bendiciones, y te abre muchísimas puertas a las que difícilmente pueden acceder otras profesiones.

Todo lo que logré en esta carrera lo hice a base de esfuerzo y sacrificio, coraje y determinación. Gracias a mi disciplina, siempre llegué temprano a los castings de modelaje y a pesar de no tener la estatura de los demás, logré destacar y ser parte de los *top models* de la época. Cuando Jack Ross me invitó a la audición como bailarín para *Los Heraldos*, no sabía nada de baile, pero ensayé hasta lograr el nivel que necesitaba. Puede que no sea el mejor cantante, pero formé parte de uno de los grupos más exitosos de los noventa, a pesar de no haber tomado clases de canto. No soy el mejor actor, pero he estado en telenovelas y películas muy importantes. Además, al mismo tiempo que hacía esto, terminé mi licenciatura en Administración de Empresas. Lo que quiero decir es que estoy convencido de que el talento natural y la preparación te pueden llevar hasta cierto punto, pero lo que siempre te hará destacar es la disciplina y el trabajo, el compromiso contigo y con tu trabajo y desarrollo. Todo se lo debo a la disciplina que me inculcaron mis padres.

Tal vez piensen que es fácil ser parte de un grupo tan exitoso, pero sobrevivir ese nivel de trabajo y con esa intensidad durante más de diez años no lo fue. Como teníamos tantos conciertos al mes, dormíamos en los aeropuertos y en los traslados a las plazas donde nos íbamos a presentar. Cuando filmamos la película *Dónde quedó la bolita*, hacíamos nuestras escenas entre semana y los fines de semana nos subíamos a un avión que habían contratado para que nos llevara a los conciertos. Había ocasiones que parecíamos zombis antes de entrar a cantar, pero cuando empezaba la música, nos llenábamos de la energía que emanaba de los aplausos de la gente y de cómo coreaban con nosotros las canciones. La gran ventaja que tuvimos es que éramos muy sanos, hacíamos ejercicio y comíamos bien, jugábamos tenis y andábamos en bicicleta.

Ganamos todo tipo de reconocimientos: Heraldos, Discos de Oro, premios Lo Nuestro. Uno de nuestros éxitos más grandes fue el disco *Que te la pongo*; con él, fuimos de los primeros grupos en vender más de un millón de copias, lo que nos hizo acreedores a un disco de diamante en Sony Music.

Nada de esto hubiera sucedido sin la visión e impulso de Luis de Llano Macedo, que en aquella época lanzó a muchos cantantes, grupos, conductores y actores a la fama. Sin embargo, durante la época de Garibaldi tuve varias confrontaciones con él, sobre todo porque en mi trabajo siempre me han gustado las cuentas claras y no me gusta quedarme callado. A la hora de recibir nuestro salario, pedía que nos presentaran cuentas de los costos de los espectáculos, rentas, equipo, personal, transporte y todo lo que implicaba presentar un espectáculo. Aquí aplicaba los conocimientos que obtuve en la universidad. A raíz de esto, Luis y yo tuvimos un enfrentamiento muy fuerte en su oficina. Se molestó tanto que llegó a retarme a golpes: "¡Vámonos de aquí a las vías para rompernos la madre!", me dijo. Yo sólo me reí y respondí: "No quiero partirte la madre, quiero que me expliques las cuentas". Él me corrió varias veces de Garibaldi y me mandaba a la chingada por cuestionarle los salarios, pero al final seguí en el grupo.

La realidad es que aprendí mucho de él: de cómo se hacen los espectáculos, los costos y cómo negociar con los promotores. Todo esto me serviría más adelante como productor y empresario. En la actualidad, mi relación con Luis de Llano es muy buena, somos buenos amigos y le guardo un profundo respeto. Es uno de los productores más importantes del país; no se puede entender la historia de la televisión mexicana sin hablar de él y de su padre, Luis de Llano Palmer.

Mientras escribía este libro, detonaron en los medios de comunicación las declaraciones de Sasha Sokol sobre su relación con Luis de Llano. Reconozco la valentía de Sasha al sacar a la luz un tema tan delicado, pues debe haber representado una catarsis para ella. Independientemente de mi amistad y relación con Luis, lo expresado por Sasha lo ha puesto en el ojo del huracán y las autoridades correspondientes ya han emitido la sentencia. En esa época, era común ver a mujeres menores de edad en compañía de hombres mayores, incluso en presencia de sus padres. No era correcto, pero no estaba penalizado. Se trata de un sistema que lo normalizaba y que imperaba en esa época.

De manera personal, creo firmemente que siempre hay que escuchar a la víctima y que debe contar con el apoyo de las autoridades y la sociedad civil. En un momento, tuve la oportunidad de hablar con Luis y le dije: "No puedes cambiar lo pasado ni defender lo indefendible. Es mejor que reconozcas que se hicieron cosas incorrectas y ofrezcas disculpas públicamente a Sasha y a su familia por algo que tú hiciste por amor". Yo soy respetuoso de la versión de los hechos de las personas involucradas, pero insisto en que quien debe tomar acción son las autoridades correspondientes; a través de los medios y las redes parece que todos los grandes *opinólogos* son expertos y se sienten juez y verdugo. Me han preguntado por qué no me involucro con el tema y la respuesta es sencilla: Sasha no me lo pidió directamente, porque no lo necesita. Ella es una mujer fuerte y valiente, y cuenta con muchas personas que la apoyan.

Hay otros casos en los que las víctimas sí han pedido mi ayuda y he hecho todo lo que está en mi poder para ayudarles, como en el caso de Héctor N, del que hablaré más adelante. Lo haría para cualquier víctima que me pidiera ayuda, y creo que cualquier persona tiene la obligación de apoyar a una mujer o menor de edad en este tipo de casos.

Costumbre, desengaño y traición

Formar parte de un grupo como Garibaldi es un trabajo de todos los días: pierdes las oportunidades que tienen otras personas para socializar, pasar tiempo con tu familia y amigos, e incluso para conocer gente nueva. Todo nuestro tiempo estaba por completo consumido por espectáculos y compromisos con promotores y fans, y el poco tiempo que sobraba lo utilizábamos para descansar. Es un trabajo que se puede volver muy solitario, y todos los integrantes del grupo compartíamos esa soledad, así que fue una consecuencia natural que formáramos parejas entre nosotros: Xavier con Paty, Charly con Pilar y, finalmente, Luisa Fernanda y yo.

Mi relación con Luisa Fernanda duró un poco más de siete años y fue mi primera relación de largo plazo. Con el tiempo, decidimos que era momento de dar el siguiente paso y formar un matrimonio. Para ese entonces, los integrantes originales de Garibaldi nos habíamos salido poco a poco por distintos motivos. Después de tantos años de trabajo ininterrumpido, parecía el momento perfecto para tomar esa decisión.

El anuncio de nuestro compromiso causó revuelo entre nuestra familia y amigos y entre los medios de comunicación, así que decidimos tirar la casa por la ventana y establecimos la fecha para un martes 31 de octubre en el campo militar.

En aquel tiempo, me había apasionado por el automovilismo y tuve la suerte de que me invitaran a participar como imagen en la Carrera Panamericana, que tenía lugar en las mismas fechas de mi matrimonio, y por eso decidimos hacer la fiesta un martes. Me prestaron un Porsche antiguo, de colección, para que me tomaran fotos en distintos puntos de la carrera, pero me gustaba tanto el automovilismo y la adrenalina que decidí participar en la carrera, no sólo como imagen, sino como competidor. Mi idea era empezar la carrera, regresar al Distrito Federal para casarme y regresar para continuar.

Creo que esto refleja el estado de mi relación en ese momento: nos casamos por inercia, porque era lo que tocaba, y no por una verdadera convicción o amor entre nosotros. Yo estaba envuelto en mi trabajo y otros proyectos, y traté mi primer matrimonio como un trámite más, sin detenerme a pensar en su significado real.

Llegó el día: el coche que me habían prestado era de exhibición, no de competencia, así que no tenía barras de estabilización, ni componentes de seguridad, y las condiciones de la carretera no eran adecuadas para ese coche. Tuve un fuerte accidente y estuve a punto de no llegar a mi propia boda, pero cuando los organizadores se enteraron, me mandaron un Cadillac convertible color rosa y en él hice mi entrada triunfal a la boda. Fue una gran fiesta en la que nos acompañaron todos nuestros amigos del medio artístico: Mijares, Lucero, el Buki, los Temerarios, Verónica Castro —quien fue nuestra madrina de lazo— y, por supuesto, todos los integrantes de Garibaldi. Celebramos felices toda la noche, pero cuando terminó la fiesta me regresé para seguir compitiendo en la carrera Panamericana.

Como era de esperarse, la felicidad que experimentamos esa primera noche de bodas duró muy poco tiempo, pues nuestra relación ya se había vuelto una simple costumbre. Nos mudamos a una casa en Paseos de Taxqueña que elegimos y amueblamos juntos, con la gran cantidad de regalos de boda que recibimos por parte de nuestra familia y amigos. Los dos estábamos trabajando en proyectos distintos: yo participaba como actor en la telenovela *Confidente de secundaria* y ella como actriz en una obra de teatro. Coincidió que Alexis Ayala tenía papeles en ambas, mi telenovela y la obra de Luisa Fernanda.

Además de *Confidente de secundaria*, Tommy Ríos me invitó a participar como imagen de la marca Oakley y apoyar en la publicidad como director de Sport Marketing de la marca. Mi labor consistía en firmar a artistas y atletas con la marca y regalarles lentes, gorras y playeras, como el boxeador Ricardo "Finito" López, Horacio de la Vega, Mijares, Adrián Fernández, Eduardo Capetillo y muchos otros. Durante las Olimpiadas de 1994, logré que muchos deportistas mexicanos, como el medallista olímpico Carlos Mercenario, fueran patrocinados por Oakley.

Cuando nos establecimos en nuestra rutina de vida matrimonial, yo comencé a percibir ciertas cosas en el comportamiento y las actitudes de Luisa Fernanda que me molestaban. Llegaba a la casa más tarde de lo normal después de que terminaban las funciones de la obra de teatro, casi no hablábamos y empezamos a tener muchos problemas. Después de unos meses, la tensión entre nosotros era muy pesada. Decidí hablar con ella justo antes de irme a Cancún a un viaje de trabajo con Oakley. Le pedí que pensara muy bien las cosas, que si nuestro matrimonio iba a funcionar tendríamos que cambiar cosas fundamentales de nuestra relación y nuestras actitudes. Ella se sintió ofendida, me reclamó que dudara de ella, pues yo sospechaba que me estaba engañando.

Durante mi viaje a Cancún, no podía quitarme de la cabeza la situación que estaba viviendo en casa y me costaba muchísimo concentrarme en mi trabajo. Después del evento, regresé a la Ciudad de México y volví a mi casa en taxi. Nunca olvidaré que cuando iba llegando a nuestra calle, vi salir un camión de mudanza. No le presté mucha atención en ese momento, pero cuando entré a mi casa me quedé petrificado: estaba prácticamente vacía, habían desaparecido los muebles, las cajas con regalos que aún no abríamos y las cosas de Luisa Fernanda; quedaban tan sólo la cama y mis cosas. De pronto, me di cuenta de que ella me había dejado en el camión de mudanza que había visto unos minutos antes.

Fue un golpe durísimo: yo todavía pensaba que íbamos a poder arreglar las cosas, y nunca pasó por mi mente la posibilidad de que me dejara. Me sentí traicionado, lleno de tristeza. Hoy entiendo que fue lo mejor: ya no era una relación sana, apenas había una amistad entre nosotros y éramos personas muy diferentes. Pero en ese momento me sentía triste y decepcionado por la deslealtad y, como resultado, nuestro matrimonio se disolvió en tan sólo dos meses.

Con el tiempo, me enteré de que mis sospechas no eran infundadas, porque Luisa Fernanda y Alexis se fueron a vivir juntos a las pocas semanas; tuve razón todo el tiempo. Yo seguía trabajando en *Confidente de secundaria* y tenía que convivir con Alexis casi a diario. Un día se acercó con la intención de hablar conmigo, pero yo le dejé claro que no teníamos nada de que hablar, pues era un asunto entre Luisa Fernanda y yo.

Fueron momentos duros, de mucha incertidumbre y dolor, y siempre estaré agradecido con la familia y los amigos que me apoyaron. Le di mil vueltas en mi cabeza y llegué a la conclusión de que después de tantos años juntos, la relación entre Luisa Fernanda y yo se había acabado y no había vuelta atrás. La busqué para hablar con ella y decirle que quería el divorcio. Me dijo que todavía no estaba segura de querer divorciarse, que necesitaba más tiempo para procesar sus sentimientos y pensar en lo que quería hacer. Fue un proceso complicado, pero un tiempo después firmamos el divorcio y pusimos fin a nuestro matrimonio.

Fue una época difícil porque me sentí traicionado; yo no sabía cómo manejar la traición, fue un golpe a mi autoestima y me preocupaba el qué dirán. Quizá no lo hubiera superado de no haber sido por amigos como Gerardo Quiroz, Juan Carlos Cañete, Xavier Ortiz, Charly y Ernesto Martínez, que me recibieron y apoyaron de diferentes maneras para que lograra salir adelante. Siempre digo que los verdaderos amigos los contamos con los dedos de la mano; junto a mi familia, fueron la roca que me sostuvo en esa época.

Aunque en el momento no lo veía, ese final tuvo un resultado positivo, pues los fracasos y decepciones me llevaron a mi único amor verdadero, mi compañera de vida: Issabela. Hoy reconozco que casarme en ese momento fue un error. No lo hice por las razones adecuadas, sino por un impulso, y el desenlace era inevitable. Pero no guardo ningún rencor, pues estas experiencias me han formado como persona y me han convertido en lo que soy el día de hoy.

El regaño del Tigre Azcárraga

Desde muy pequeño, tuve una naturaleza emprendedora: en primaria, vendía en el recreo los dulces que compraba en la Central de Abastos con mi abuelita Aurora; en la universidad, me puse a vender ropa de piel con mi compañero Ernesto Martínez; en mis viajes a Marruecos con Garibaldi, compraba tapetes para luego venderlos en México, aunque ese emprendimiento fue poco exitoso. Siempre estaba pensando en diferentes maneras de comercializar, vender o hacer distintos negocios. La carrera artística es bellísima y te puede abrir muchísimas puertas, pero tiene la particularidad de que nunca estás seguro de tu futuro: hoy puedes ser el artista más cotizado y en poco tiempo no tener trabajo. Con esto en mente, siempre busqué la forma de consolidar proyectos y garantizar el futuro de mi familia.

Uno de mis primeros proyectos consolidados fue un Videocentro que puse poco antes de dejar Garibaldi, y fue uno de los negocios del que más aprendizajes tuve. En ese entonces, grupo Videovisa, que pertenecía a Televisa, nos contrató para trabajar como parte de su imagen corporativa. Eso representó una gran oportunidad para generar buenas relaciones y adquirir contactos con los ejecutivos. No me limité a cumplir con mi trabajo de artista: les preguntaba a los ejecutivos cómo funcionaban y empecé a empaparme de todo lo referente a la renta de películas. Me involucré tanto que, después de analizar los pros y los contras, decidí invertir mi capital para poner un Videocentro.

Convencí a mis papás de invertir en un terreno en avenida Las Torres, cerca de la Universidad Iberoamericana y el metro Taxqueña. Era un cine viejo y descuidado, pero yo vi un gran potencial en el espacio. Como en cualquier negocio, me enfrenté a muchísimos obstáculos, uno de los cuales me llevó a cometer uno de los actos más imprudentes de toda mi carrera. El arquitecto de la obra me comentó que el inspector nos estaba poniendo muchas trabas, algo que no sólo retrasaba todo el proyecto, sino que me hacía perder mucho dinero. Todavía era bastante joven y tenía poca experiencia, así que en lugar de analizar la situación y ver con quién hablar para solucionar el problema, hice algo impulsivo que causó varios roces y puso en riesgo mi carrera artística incluso.

Una noche nos invitaron al programa *Mala noche… ¡no!*, que conducía Verónica Castro. Para quienes no recuerden o no hayan visto el programa, la emisión salía a las once de la noche y seguía casi toda la noche, ni la misma Verónica sabía a qué hora podía terminar. Es algo impensable en la industria del día de hoy, pero era otra época, en la que no había tantas plataformas ni opciones de entretenimiento. La mayoría de la gente sólo veía la televisión abierta, y *Mala noche… ¡no!* fue uno de los programas con mayor audiencia en el país. Muchísima gente se desvelaba viendo el programa y a veces se extendía hasta las cuatro o cinco de la madrugada.

Después de cantar los éxitos del grupo y de platicar amenamente sobre múltiples temas, Verónica nos preguntó a cada uno qué pensábamos hacer además de formar parte de

Garibaldi: si haríamos carrera como solistas o actores, o si invertiríamos nuestro dinero en algo más. Charly le contó que quería poner un antro y los demás hablaron también sobre sus proyectos e inquietudes.

Cuando llegó mi turno, pensé que era la oportunidad perfecta para solucionar los problemas que tenía con el inspector de la obra del Videocentro. Así, le conté a Verónica —y a todo el país— sobre el proyecto, y aproveché para decir que un inspector le estaba pidiendo dinero al arquitecto de la obra para agilizar los trámites. Me sentí muy chingón y supuse que les estaba metiendo un calambre a los de la delegación Coyoacán al contar eso en el programa con más *rating* en la televisión mexicana.

Al terminar la grabación, se me acercó una persona de producción para decirme que tenía una llamada en el foro y debía tomarla de inmediato. Me hablaban de parte del señor Azcárraga para que me presentara al día siguiente a primera hora en su oficina. Me sentía eufórico: si me estaba citando Don Emilio para hablar en persona, seguramente me ofrecerían protagonizar una telenovela, conducir un programa musical o lanzarme como solista. Me fui a mi casa feliz, soñando sobre las posibilidades de esa reunión durante las pocas horas que faltaban para que dieran las nueve de la mañana.

Llegué puntualmente a la oficina y me dijeron que entrara porque ya me estaba esperando. En menos de cinco segundos, mis sueños se convirtieron en pesadilla. No me regañó, me pendejeó por cinco minutos seguidos: "¿Qué te pasa, pendejo? ¿Quién crees que eres? ¿Cómo se te ocurre mencionar en un programa como el de Verónica que la delegación te está extorsionando? ¿En qué cabeza cabe decir eso de la delegación y el delegado? ¿Dónde crees que se encuentra el estadio Azteca, pendejo? ¡En la delegación Coyoacán! Te vas en este momento a pedirle disculpas al delegado, que además es una gran persona y un amigo personal".

Me cayó el veinte como un balde de agua fría: había metido la pata en el programa de una de sus artistas y todo México me había escuchado. Con la cola entre las patas, salí de su oficina sin pronunciar una palabra. Pensé que me iban a vetar por siempre de la única televisora y plataforma de contenidos que existía en ese momento. Fue la única vez que provoqué la furia del dueño de Televisa, y créanme que con una tuve más que suficiente.

Cagado de los nervios, me fui a la delegación a hacer antesala en la oficina del delegado. A los pocos minutos entró, me saludó, me invitó a pasar a su oficina y se presentó como Carlos Salomón Cámara. Él sabía perfectamente por qué estaba en su oficina. Traté de explicarle lo que había sucedido y me disculpé sinceramente con él, le dije lo apenado que estaba y que lo último que quería era perjudicarlo. Me escuchó en silencio, asintiendo con la cabeza en algunas ocasiones y sin interrumpirme hasta que terminé de hablar.

Cuando acabé mi discurso, me preparé para lo peor. Pensé que me gritaría, me soltaría un discurso político o que incluso me amenazaría con terminar con mi carrera artística. Para mi sorpresa, no sucedió nada de eso. Con calma, Carlos Salomón me dio uno de los mejores consejos que he recibido en mi vida: "Mira, Sergio, debes entender que eres una figura pública, ustedes en Garibaldi son muy famosos en este momento y cualquier comentario que haces puede dañar la imagen de una persona. Te recomiendo que seas muy prudente en tus declaraciones, alguien como tú diciendo cosas como las que dijiste anoche puede destruir mi carrera política. No hacía falta el comentario que hiciste. Si hubieras tocado mi puerta y me hubieras platicado lo que necesitabas, yo te habría apoyado".

Me preguntó cuándo tenía planeado inaugurar el Videocentro, y le dije que, si todo marchaba bien, calculaba poder abrir en seis meses. Me contestó que, si toda mi documentación estaba en regla, él me ayudaría y además me acompañaría en la inauguración. Me dio un apretón de manos y salí de su oficina muy aliviado. A partir de ese momento comprendí la importancia de ser una figura pública y la responsabilidad de mis comentarios; también nació mi pasión por la política.

Tenía todo en regla y estaba haciendo las cosas como se debe, así que acudí a realizar los trámites, pagué los permisos correspondientes y terminé de construir mi Videocentro. Seis meses más tarde, inauguré mi negocio en compañía de los directores de Videovisa y el delegado Carlos Salomón.[1] A partir de ahí, nos volvimos grandes amigos, es un hombre honrado a quien admiro y respeto profundamente. Siempre me ha orientado y aconsejado para conducirme de forma correcta y, por supuesto, cuidar mis comentarios. Él ha continuado su carrera política, como director de Comunicación Social de la presidencia de Ernesto Zedillo y luego como director de la

---

[1] Fue Carlos Salomón quien más tarde me motivó, apoyó y encauzó para dar mis primeros pasos dentro de la política de nuestro país: me presentó con comunicadores como Óscar Mario Beteta y Lolita de la Vega, me puso en contacto con diputados, senadores y presidentes de partidos políticos y me ayudó a entender cómo conducirme en el ámbito político. Le agradezco eternamente su generosidad.

Lotería Nacional. Cuando estaba en este rol, habló conmigo para sacar una serie de billetes impresos con imágenes de celebridades. Con mi recomendación, sacó billetes con imágenes de Garibaldi, *Sólo para mujeres*, y otros artistas. Cuando Bárbara Mori estaba despegando su carrera como actriz en su primer papel protagónico, me hizo el favor de incluirla en estos billetes para impulsar aún más su carrera.

Cuando finalmente inauguré el Videocentro, apenas sacaba para los gastos y para pagar un crédito que obtuve para terminar la obra y pagarle a Videovisa. Había empezado como un buen negocio, pero poco a poco las utilidades fueron cayendo. Esto culminó cuando entró un jugador transnacional que hizo que los Videocentros desaparecieran del mercado: Blockbuster. Cerré el negocio sin recuperar mi inversión. Sin embargo, no me di por vencido. Fue un tropiezo en el camino que me dejó muchísimos aprendizajes. Después de eso, con ganas de seguir haciendo negocios, decidí irme al terreno conocido y me lancé como promotor de espectáculos.

Empecé a vender espectáculos de Garibaldi; por un tiempo, fui cantante y promotor de Garibaldi al mismo tiempo. Le compraba las fechas directamente a Luis de Llano y las acomodaba en distintas plazas en el país. En ese negocio, empecé arriesgando mi propio dinero y tuve que aprender a golpes. A veces me iba bien, pero también perdí mucho porque estaba verde y me veían la cara. Nadie te dice cómo deben ser las cosas, y a esto le tenía que agregar el hecho de que además de gestionar el evento y pelearme con quien nos había contratado, debía subirme al escenario y entretener al público. Fue como tomar un curso intensivo en el que no tenía maestro, y tuve que aprender todo sobre la marcha.

Empecé a agarrar confianza, ampliar mis horizontes y arriesgarme en otros giros. Compré fechas de obras de teatro y espectáculos musicales infantiles para presentarlos en diferentes partes de la república, aprovechando los contactos que tenía como cantante en Garibaldi. Poco a poco, comencé a hacer espectáculos más grandes y me junté con compañeros para investigar la posibilidad de hacer espectáculos internacionales. Decidimos comprar fechas para el musical *Hoy no me puedo levantar*, un espectáculo muy grande que llevé al Auditorio Nacional, a la Arena Monterrey y al Teatro Telmex de Guadalajara. Con el éxito de este musical consolidé mi nombre como empresario de la industria del entretenimiento.

Mi siguiente proyecto fue traer las luchas de la WWF, que habían tenido un gran éxito en Estados Unidos. Tuvimos una excelente respuesta en la presentación en la Arena Monterrey, pero cuando llevé el proyecto a ejecutivos de Televisa consideraron que era muy agresivo para lo que querían presentar. Sinceramente, creo que fue un error, pues la WWF tuvo un impacto a nivel mundial y perdimos una gran oportunidad de negocio.

En 2008 unos empresarios argentinos me contactaron con una de las propuestas más grandes de mi carrera como promotor: me ofrecieron contratar la gira de Bob Dylan para México. Era un gran reto al que no estaba dispuesto a negarme. No contaba con la infraestructura económica ni de personal para un espectáculo de gran envergadura como el de Bob Dylan, así que la negociación fue pura saliva y valor. Los argentinos me pidieron que les mandara mi propuesta y empecé a negociar mi entrada a las grandes ligas en la promoción de espectáculos.

Me explicaron que debía contratar como mínimo tres fechas y que también estaban negociando con Ocesa. Yo les ofrecí doscientos cincuenta mil dólares por espectáculo, con cuatro presentaciones, ¡un total de un millón de dólares que yo no tenía! Ocesa había ofrecido cincuenta mil dólares más por espectáculo, y me pidieron que mejorara esa propuesta. Yo sentía que estaba jugando al empresario en un terreno que todavía me quedaba grande, así que vi la salida y les dije que no podía igualar esa oferta, que no me daban los números de recuperación. Me dijeron que me darían una respuesta en tres días y sentí alivio, pues estaba seguro de que no me volverían a hablar.

Para mi sorpresa, sí me hablaron. Resultó que Bob Dylan no quería tener nada que ver con Ocesa, así que habían aceptado mi propuesta. De inmediato, empezaron a hablar de anticipos y de la firma de contratos: tenía que mandar quinientos mil dólares de anticipo para la firma del contrato y otros quinientos mil, quince días después. Yo no tenía ese dinero, pero de lo único que estaba seguro era que no me iba a echar para atrás.

Comencé a llamar a diferentes amigos y conocidos para buscar inversionistas. Por medio de Carlos Salomón Cámara, contacté a Luis Carlos Urzúa, un empresario de Monterrey que tenía una empresa de *outsourcing* al que le expliqué lo que estaba haciendo, quién era Bob Dylan y los números de recuperación que proyectaba con los cuatro espectáculos. Para mi buena suerte, aceptó entrarle como inversionista. Cabe recalcar que conté con el apoyo económico de mi buen amigo Carlos Salomón, y con la invaluable confianza de mi esposa Issabela, que a pesar de la incertidumbre, accedió a que juntos hipotecáramos nuestra casa y así terminar de reunir el dinero necesario.

Empezó la locura para armar todo: contratar y pagar los gastos de transportación y hospedaje para el equipo, las rentas de los espacios donde se iba a presentar y mil detalles más. Trabajé sin parar, contraté a gente que me ayudara y a personal especializado para checar los equipos de sonido y luces, las condiciones del escenario, etcétera. Negocié las fechas y plazas en la Ciudad de México, Guadalajara y Monterrey.

Bob Dylan es un ícono de la música y la poesía, y llevaba más de veinte años sin venir a México, así que esa presentación fue todo un suceso. El músico se hospedó en el Four Seasons de la Ciudad de México. Cuando llegó su equipo, su mánager me comentó que Dylan era un gran aficionado del box y quería conocer un gimnasio y entrenar un poco. Le dije que le conseguiría el mejor gimnasio y entrenador de la ciudad, pero me respondió que él quería ir a un gimnasio popular y típico. Así, mandamos a Bob Dylan a entrenar al barrio bravo de Tepito. La gente de barrio no lo conocía, llamó la atención porque llegó en una camioneta blindada, pero nadie se preguntó quién era. Bob Dylan entrenó en los antiguos rings donde nacieron viejas glorias del boxeo mexicano, como el Púas Olivares.

En mi interacción con él y su equipo, entendí que Dylan es un artista introvertido, callado, no muy dado a conversar. Entre las peticiones que se estipularon en el contrato estaba que no hubiera nadie en el *backstage* y que se pintara una raya verde desde la salida de su camerino hasta el escenario. Dylan se dirigía al escenario solo, en silencio, pero cuando salía frente al público, su arte afloraba, se apoderaba del lugar y creaba momentos mágicos.

La gira fue todo un éxito; puedo decir orgullosamente que me dieron el premio de Las Lunas del Auditorio Nacional como el mejor espectáculo de ese año y *El Economista* me llamó "El hombre que retó a Ocesa". Fue un gran esfuerzo, porque lo traje sin patrocinadores, pues ninguna marca me apoyó porque ya habían asignado la mayoría de su presupuesto a eventos de Ocesa. Todo lo pagué a través de inversionistas y préstamos. No puedo decir que gané mucho dinero con la gira de Bob Dylan, pero sí logré un gran prestigio como empresario. Años más tarde, ese artista ganó el Premio Nobel de Literatura.

Después de eso, continué promoviendo espectáculos de nivel internacional. Me asocié con otros empresarios y trajimos a David Guetta, LMFAO, Enrique Iglesias, Shakira y Lana del Rey. Recuerdo que cuando presentamos a Lana del Rey en el Auditorio Nacional, mi esposa Issabela y yo la fuimos a saludar al camerino. Issabela traía un vestido Chanel vintage de colección que a Lana del Rey le encantó, y no dejaba de decirle cuánto le había gustado. Al día siguiente, en su segundo espectáculo, Issabela decidió desprenderse de este invaluable vestido y obsequiárselo. Lana agradeció mucho este detalle.

Promover espectáculos es un negocio bastante complicado, en algunos me fue bien y en otros no tanto. Me seguía costando mucho trabajo conseguir patrocinadores, y sin un patrocinio hacer espectáculos de esa envergadura es muy difícil. Así, he sido conductor de radio, cantante, modelo y empresario. Amo la carrera artística, pero también me apasiona el mundo de los negocios, la emoción de solucionar problemas y encontrar socios para lograr nuevos proyectos. Es algo que tuve desde niño y que seguiré desarrollando a lo largo de mi vida.

Bárbara Mori

Todas las separaciones son dolorosas y complicadas, pero la forma en la que se dio mi ruptura en mi primer matrimonio me dejó especialmente afectado. No obstante, es parte de mi naturaleza siempre mirar hacia delante, así que me concentré en mi trabajo y en buscar nuevos proyectos. Mis amigos también me trataban de distraer y empezamos a salir y pasarla bien.

Una noche, Juan Carlos Cañete, Charly y yo fuimos al Magic Circus, una discoteca que estaba de moda, ubicada en el Toreo de Cuatro Caminos. Estábamos disfrutando y pasando el rato, cuando un amigo se me acercó y me dijo que me iba a presentar a alguien: una chavita de nombre Bárbara Mori.

Comencé a conversar con ella y al paso de los minutos fue como si todo lo que sucedía a nuestro alrededor —la música, las risas, la gente bailando— pasara a segundo plano. Estaba hipnotizado por la luz tan especial que irradiaba y pasamos toda la noche juntos en el Magic Circus. Como sucede cuando la estás pasando muy bien, el tiempo se pasó volando y de pronto ya era hora de irnos. Ofrecí llevarla a su casa y seguimos platicando durante todo el trayecto en el coche hasta que llegamos al pequeño departamento que compartía con su hermana.

Me había quedado clavado con el sentimiento de que tenía que pasar tiempo con ella, así que a los pocos días la volví a buscar y nos vimos. Así comenzamos a frecuentarnos, primero como amigos, pero luego ansiábamos pasar tiempo a solas, conversando y hablando sobre nuestros pensamientos y emociones más profundas. En la medida que mi trabajo me lo permitía, la veía la mayor cantidad de días de la semana, y así nos fuimos conociendo poco a poco y empezamos a relacionarnos como pareja. Fue algo que pasó paulatinamente: fuimos amigos por mucho tiempo antes de que nuestra relación evolucionara, pues cuando la conocí, ella todavía era bastante joven, y salía con alguien más.

Conocerla fue un parteaguas y me cambió tanto la actitud como el estado de ánimo. Me di cuenta de que lo que había vivido con el divorcio en realidad era Dios quitando de mi vida a las personas que no debían estar en ella y poniendo en mi camino a quienes necesitaba a mi lado. Disfrutaba mucho la compañía de Bárbara. Con ella, surgió mi personalidad de protector y consejero: era más joven que yo, y yo quería ayudarla y protegerla de cualquier daño. Eventualmente, aceptó irse a vivir conmigo en Paseos de Taxqueña.

Yo veía en Bárbara un potencial enorme y le propuse apoyarla para empezar una carrera en la industria del entretenimiento. Ella aceptó, y lo primero que hicimos fue trabajar un poco en su imagen: se inscribió en clases de inglés, compramos ropa nueva, fue con un oftalmólogo para operarse los ojos y con un dentista para ponerse frenos. La apoyé en todo, pues quería que se sintiera confiada, segura y protegida. En una de nuestras muchas conversaciones, ella me confesó que soñaba con ser actriz. Vi que su deseo era sincero, no era la típica chava bonita que sólo quería ser famosa sin verdaderamente trabajar. Decidí apoyarla, no sólo porque era mi pareja, sino porque tenía una gran presencia y personalidad, y yo sabía que podría hacer grandes cosas.

Ella empezó igual que yo, sin preparación ni clases de actuación, pero tenía la ventaja de que yo la podía apoyar, y juntos empezamos a hablar con mis contactos para encontrar la mejor manera de impulsar su carrera. Siempre escuchó mis consejos, pues sabía que ya había pasado por el momento en el que ella se encontraba: iniciando una carrera artística desde cero.

Sabía perfectamente por dónde empezar: gracias al éxito de Garibaldi, Luis de Llano inició un proyecto para el desarrollo de nuevo talento que se llamó Conceptos, de donde salieron grupos como Mestizo y Kabah. Bárbara entró a Conceptos y comenzó clases de actuación, donde destacó de inmediato. Todo el mundo hablaba de lo buena que era, así que decidí buscar un lugar donde pudiera explotar al cien su potencial.

Recurrí a mi amigo y maestro Sergio Jiménez, mi mentor al inicio de mi carrera. Sergio y Adriana Barraza encabezaban un taller muy exclusivo, del que yo formaba parte, en el que pulían y entrenaban a actores que iban a protagonizar telenovelas. Les pedí que aceptaran a Bárbara en el taller. Quienes tuvimos el privilegio de conocer al maestro Jiménez sabemos que era un hueso duro de roer, de ideas fijas, que se podía dar el lujo de rechazar alumnos. Él rechazaba a muchos actores incipientes que venían recomendados por directores o productores porque, a su juicio, no daban el ancho o carecían del talento necesario. Como era de esperarse, Sergio no quería aceptar a Bárbara porque, según sus palabras, no tenía tiempo para entrenar a principiantes: su taller era un espacio para figuras que iban a entrar a las grandes ligas. Le pedí que por lo menos él y la maestra Barraza accedieran a hacerle una prueba, y si consideraban que tenía talento y las cualidades necesarias, la aceptaran. Me hicieron el favor a regañadientes, seguramente pensando que iba a ser una chavita más del montón. Para su sorpresa, los dos quedaron encantados con la naturalidad y frescura del talento de Bárbara, y la tomaron bajo su tutela, algo que agradecí muchísimo. Esto me convenció aún más de su potencial; sabía que sólo necesitaba pulir sus habilidades para sacar el diamante que llevaba dentro. Desde ese momento, no dejé de impulsar su carrera.

Poco a poco, todos la fueron conociendo como mi pareja, porque me acompañaba a todos los eventos artísticos, deportivos, sociales y de promoción de la marca Oakley. Fue una etapa tranquila: ella estudiaba, yo trabajaba, hacíamos vida en pareja, visitábamos a mis papás, compartíamos con amigos y nos íbamos de vacaciones juntos.

En esa época, Jorge Berlanga, esposo de Rocío Banquells, me presentó a Elisa Salinas en una cena. Elisa acababa de tomar la presidencia de Azteca Digital y me explicó que estaba buscando artistas ya formados y con nombre para meterlos en los nuevos proyectos de la televisora del Ajusco. El equipo de Elisa estaba batallando muchísimo para convencer a los artistas que querían de pasar a formar parte de otra empresa que no fuera Televisa, y me ofreció irme a trabajar con ella para contactar actores. Era un reto grande, pues yo me había formado en Televisa y trabajé ahí por mucho tiempo, pero era una oportunidad muy retadora y, como siempre, agarré al toro por los cuernos y me aventé.

Elisa estaba buscando a Eduardo Capetillo y Biby Gaytán para la telenovela *Al norte del corazón*, pero su gente no había encontrado la forma de hablar con ellos, así que ése fue mi primer reto. Me puse en contacto con ellos y en tan sólo dos días ya estaban en la oficina escuchando la propuesta de Elisa. Capetillo y Biby dijeron que no podían aceptar, pues no querían dejar Televisa; a pesar de ello, Elisa reconoció mi potencial, pues en dos días logré lo que su equipo no había podido hacer en semanas. Así, Elisa me puso al frente de la Dirección Artística de Azteca Digital y empecé a trabajar con ella y Juan David Burns.

Me metí de lleno en el rol: buscaba actores y actrices, y negociaba con ellos los términos y condiciones para contratarlos e integrarlos a las nuevas telenovelas de Azteca. Me dieron un margen amplio para los contratos de Televisión Azteca, tenía cartera abierta en las negociaciones. Así, conseguí a Omar Germeno y los hijos de Andrés García, por mencionar algunos. Uno de mis éxitos más grandes fue conseguir que Humberto Zurita y Christian Bach firmaran y comenzaran a trabajar en los proyectos de Azteca. Parte de su contrato estipulaba que, además de actuar, serían productores. Su primer proyecto fue *Azul tequila*, después harían *La Chacala* y muchos más.

Más adelante, le propuse a Elisa que trabajáramos en nuestros propios talentos, jóvenes que se formaran y crecieran dentro de la empresa para después incluirlos en los nuevos proyectos. A Elisa le agradó la idea e iniciamos el Centro de Formación de Artistas de Azteca Digital (CEFAC). Los primeros directores de la nueva escuela para formar talento fueron Héctor Bonilla y Miguel Ángel Ferriz. Ahí se iniciaron muchos modelos amigos míos que después se convertirían en actores, como Héctor Soberón y el grupo Caló. Al principio, las clases se impartían en los foros de TV Azteca y yo llevaba una grabadora para que pudieran hacer sus escenas. Después de un tiempo, cambiamos la escuela a un edificio en avenida Insurgentes con mejores instalaciones.

Estuve presente en la creación y crecimiento de Azteca Digital por cerca de cuatro años, en los que le dimos mucho impulso a su desarrollo y fui parte de proyectos muy importantes. Vi crecer a una gran camada de actores y actrices que se desarrollaron en TV Azteca: Lorena Rojas, que en paz descanse, fue protagonista de la telenovela *Como en el cine*, donde también se inició Ninel Conde. Vi crecer a personas como Geraldine Bazán, Mauricio Ochman, Betty Monroe, Sylvia Navarro y muchos otros.

Convencí a Bárbara de irse conmigo a Azteca y acompañarme en esta nueva aventura. Como aún estaba en su etapa de preparación, formó parte de la segunda generación del CEFAC. Naturalmente, destacó muy rápido y en poco tiempo comenzó a trabajar en su primera telenovela, *Al norte del corazón*, la que rechazaron Biby Gaytán y Eduardo Capetillo, y donde ella tuvo la oportunidad de demostrarle al mundo su gran talento como actriz. Ahí también detonaron sus carreras Annette Michelle y Jorge Luis Pila. La participación de Bárbara fue tan buena que al poco tiempo entró en *Mirada de mujer*, protagonizada por Angélica Aragón, Fernando Luján y Ari Telch. Los productores de Argos Comunicación, Ana Celia Urquidi y Epigmenio Ibarra, decidieron que sería de las protagonistas juveniles, junto a Plutarco Haza y María Teresa Prudencio.

Para ese entonces, Bárbara y yo habíamos tomado la decisión de ser padres. Lo habíamos intentado, pero como sucede en muchos casos, el embarazo de Bárbara llegó cuando menos lo estábamos buscando, durante la grabación de *Mirada de mujer*, que se convertiría en uno de los mayores éxitos de la televisión mexicana de la época. Yo estaba trabajando en la producción del programa musical *Dance* en el canal 7, que conducían los chavos de Caló. Recuerdo perfectamente que estaba trabajando con ellos cuando recibí la llamada de Bárbara, feliz y radiante, con la noticia de que íbamos a ser padres.

Los dos estábamos encantados y no pensamos en las implicaciones de un embarazo para el trabajo de Bárbara, que estaba en plenas grabaciones. El personaje que interpretaba en *Mirada de mujer* era una joven con problemas de bulimia, así que debía verse delgada y demacrada. Obviamente, su cuerpo comenzó a cambiar con el embarazo, hasta llegar al punto que resultaba imposible disimular su estado ante la cámara. Los productores decidieron incluir en la historia una violación al personaje que interpretaba para justificar el embarazo. El cambio quedó perfecto y hasta fortaleció la historia.

Así, llegó al mundo nuestro hijo Sergio, quien creció entre cámaras, cables, luces, foros y escenarios. Lo bautizamos unos meses después con Elisa Salinas y Juan David Burns como padrinos, que así se convirtieron en nuestros compadres. Siempre estaré agradecido con Elisa por la oportunidad que me dio y por brindarme su apoyo, confianza y amistad.

Después de su gran éxito en *Mirada de mujer*, a Bárbara le ofrecieron su primer rol protagónico en *Azul tequila*, la primera telenovela producida por Humberto Zurita y Christian Bach. El coprotagonista era Mauricio Ochman y el reparto incluía a Rogelio Guerra, Fabiola Campomanes, Víctor González, Lorena Rojas, Úrsula Prats, Ximena Rubio, Leonardo Daniel y Tomas Goros, entre otros. Bárbara tenía pocos meses de haber dado a luz a Sergio y quería vivir su etapa de maternidad y estar cerca de nuestro hijo. La mayor parte de la grabación sería en diferentes partes de Jalisco, por lo que ella dudaba de aceptar el rol.

Yo consideraba que era una gran oportunidad para ella, pues no era un personaje más, sino el protagónico femenino de un proyecto que recibiría muchísimo apoyo y promoción. Me tardé un poco en convencerla de que no desaprovechara la oportunidad y aceptara el papel, pero logré tranquilizarla diciéndole que mi mamá y yo estaríamos al pendiente de Sergio y que además contrataríamos a una enfermera para que la apoyara cuando Sergio estuviera con ella mientras grababa, porque Sergio y yo viajaríamos cada semana adonde ella estuviera. Al final, aceptó.

Fue una época maravillosa. El nacimiento de Sergio fue una experiencia increíblemente poderosa que me transformó de manera muy profunda. Ser padre me llenaba el corazón de felicidad y me impulsaba a lograr la mejor vida posible para mi familia. Para mí, el sol salía y se ponía con mi hijo, mi mundo giraba alrededor de él. Me encantaba ver su mirada inocente al despertar, que me tomara el dedo con sus manitas. Durante el tiempo que duraron las grabaciones, me lo llevaba a mi oficina todo el tiempo, lo sentaba conmigo y estaba presente en mis reuniones. Cumplí con mi palabra y todas las semanas viajábamos a visitar a Bárbara en las locaciones. Muchas veces nos acompañaba mi madre, quien siempre fue un gran apoyo y adoptó a Bárbara como parte de la familia. En esa época ella no tenía una buena relación con su propia familia, así que fue mi mamá quien le enseñó cómo cuidar a un bebé, calentar leche y cambiar pañales, le daba consejos y la apoyaba en lo que fuera necesario. Sergio debutó en la televisión al final de la novela *Azul tequila*, porque necesitaban un bebé para el personaje de Bárbara, y así se unieron la realidad y la ficción.

Después de su papel en *Azul tequila*, la carrera de Bárbara tomó un gran impulso y me buscaron de Rubicon, una empresa en Miami, para que Bárbara hiciera dos o tres telenovelas con ellos. Era una gran oportunidad, así que cerramos el trato y nos fuimos por un tiempo a vivir a Miami. En ese entonces, la gira de *Sólo para mujeres* estaba en su apogeo y a mí se me facilitaba viajar desde Miami a cualquier punto. Compré una casa en Aventura Lakes, cerca del Aventura Mall, una zona residencial muy bonita en la que teníamos todas las facilidades y comodidades.

Mientras estábamos en Miami, empezó a generarse mucha tensión entre nosotros. Me costaba mucho entender que sus prioridades estaban cambiando, que la joven que yo había conocido y tomado bajo mi protección estaba creciendo como actriz y como mujer; yo sentía que ella les daba más importancia a los proyectos de trabajo que a nuestra vida en familia. Como nuestra relación había evolucionado de amigos, a pareja, a mánager y padre de su hijo, en ese orden, era muy complicado separar las discusiones de pareja de los temas de trabajo y no llevarlos a casa. A pesar de ello, seguimos juntos. En un viaje de trabajo, conocí a un productor de cine que me platicó que estaba trabajando en una película que sería su ópera prima: *Inspiración*. Me propuso debutar a Bárbara en el cine al lado de Arath de la Torre. Así, Bárbara se fue a Monterrey, en donde filmaría por seis semanas. Sergio y yo viajábamos entre Monterrey y Miami para poder verla.

La filmación de esa película marcó el punto de quiebre para nosotros. Cuando terminó de filmar, me dijo que se quería quedar un par de días más en Monterrey. A mí me desconcertó por completo, no entendía por qué no quería regresar de inmediato con su familia. Cuando regresó, me dijo que se quería separar. Fue un golpe muy duro, e hice todo lo posible para convencerla de que habláramos, que me dijera lo que estaba pasando.

Por fin, me reveló todo lo que sucedía en su mente. Me dijo que se sentía muy presionada porque además de ser su pareja era su mánager, que ya no le gustaba que yo tomara decisiones sobre su carrera. Conforme fue creciendo como actriz y mujer, en vez de verme como un apoyo y un aliado, me comenzó a ver como alguien que le hacía sombra. Me dijo que quería separarse, en sus palabras: "Quiero vivir mi edad, mi momento y mi éxito, y que nadie me diga qué hacer".

En ese momento, no lo comprendí, pero hoy entiendo lo que ella estaba viviendo y veo mis errores: yo me obsesioné con su crecimiento profesional y dejé a un lado sus sentimientos y deseos. Adopté demasiados roles que eran incompatibles: pareja, padre de su hijo, mánager, colega. Todo esto creaba demasiada tensión entre nosotros y, sin darme cuenta, yo la presionaba demasiado. Quería que fuera igual que yo, que se dedicara al cien por ciento y aplicara la disciplina que yo tenía, pero ella tenía un estilo diferente y yo fui demasiado cuadrado. Hoy entiendo que nuestra separación en realidad era inevitable, porque teníamos muy pocas cosas en común.

Hice todo lo posible para que nuestra separación no afectara mi relación con Sergio, y no dejé de verlo todos los días, atenderlo y estar al pendiente de sus necesidades. Por sus compromisos de trabajo, Bárbara viajaba constantemente, y eso me permitió compartir más tiempo con Sergio y nuestro lazo se fortaleció aún más.

Mi rompimiento con Bárbara fue muy difícil y afectó todas las áreas de mi vida, pero con el tiempo he podido ver esa relación con otros ojos y aprender de ella. El amor a veces nos lleva a cometer errores, y mis ganas de ayudar a Bárbara e impulsar el gran potencial que veía en ella me desviaron de otros aspectos de nuestra relación que también eran importantes. Aunque esto ayudó muchísimo a su carrera, también contribuyó al deterioro de nuestra relación. Olvidé que era más joven que yo y que todavía quería experimentar la vida. Creo que los dos cometimos errores, pero ambos crecimos y de nuestra relación quedó algo hermoso: nuestro hijo Sergio.

Sólo para mujeres: éxito y luto

Uno de los proyectos más importantes que realicé como empresario de la industria fue el espectáculo de *Sólo para mujeres*. Como saben, era consciente de lo volátil que es la carrera que elegí, así que siempre estaba en búsqueda de proyectos e ideas para asegurar económicamente mi futuro y el de mi familia.

La idea de *Sólo para mujeres* surgió en una comida entre los exintegrantes de Garibaldi, quienes nos mantuvimos en contacto y continuamos una gran amistad. Nos reuníamos de vez en cuando para ponernos al tanto de nuestras vidas personales y profesionales. A esta comida en particular, asistimos con nuestras parejas: Charly con Ingrid Coronado, yo con Bárbara Mori, y Luisa Fernanda con Alexis Ayala. Yo nunca tuve problemas con Alexis y llevaba una relación cordial con Luisa Fernanda.

Durante la cena, platicamos de todo. Uno de los temas que preocupaban a los cantantes y artistas en ese momento eran los recortes que Televisa estaba haciendo a los contratos de exclusividad que la empresa otorgaba al talento artístico para darles seguridad económica y garantizar que no se fueran a otro medio. Muchísimos artistas dependían de estos contratos, pues conseguir trabajo en el medio es muy difícil, hay mucha competencia y todos los días aparece talento nuevo tocando las puertas de las producciones. Los contratos de exclusividad significaban un ingreso asegurado cada mes, algo que es muy raro para este tipo de trabajo. Después de la muerte de Don Emilio Azcárraga Milmo, Televisa estaba haciendo una fuerte reestructuración económica y recortando muchos de estos contratos dorados.

En tono de broma, Alexis Ayala dijo que la situación se podía poner tan difícil que los actores tendrían que encuerarse para ganarse la vida, como en la película de *Full Monty*, en la que un grupo de desempleados ingleses deciden montar un espectáculo de *strippers* en su pueblo. No sé en qué momento dejamos de bromear y nos comenzamos a tomar la idea en serio. Alexis y yo mencionamos que sería sensacional montar un espectáculo similar o una especie de obra de teatro con nuestros cuates famosos. Quedamos muy entusiasmados con la idea y acordamos reunirnos después para aportar ideas y proponer amigos y conocidos que pudieran participar en el espectáculo. Algo que empezó como una broma entre amigos terminaría siendo un trabajo de tiempo completo.

La primera reunión de trabajo fue en casa de Alexis, quien vivía con Luisa Fernanda. Cuando entré, no pude dejar de notar que en gran parte estaba amueblada y decorada con lo que Luisa Fernanda se había llevado de nuestra casa cuando se mudó: los muebles, cuadros, artículos de decoración y otros regalos de boda que nos habían hecho nuestros familiares y amigos. No puedo negar que al principio fue incómodo, pero mantuve en mente que estaba ahí para trabajar y crear con Alexis y Charly, y no para revivir rencores. Yo ya me imaginaba que nuestro proyecto se podía convertir en uno de los mejores espectáculos que se había hecho en México.

Al final, Charly siempre fue muy irresponsable y no le dio la misma importancia al proyecto que Alexis y yo, y no llegó a las reuniones. Creo que pensó que no íbamos en serio, que no pasaría de una plática de amigos y que pronto perderíamos la emoción inicial. Alexis y yo trabajamos en el concepto, la música y el vestuario, y decidimos cuántos números haríamos. Tuvimos muchísimas reuniones de trabajo en las que hacíamos lluvias de ideas e íbamos aceptando y desechando propuestas, hasta que el concepto comenzó a tomar forma. Cuando establecimos los lineamientos generales, el siguiente paso fue más complicado, pues nos enfrentamos al reto de conseguir el elenco: estábamos convencidos de que el éxito del espectáculo dependía en gran medida de que quienes participaran fueran actores y cantantes con fama y un nombre dentro del medio artístico.

Comenzamos a reunirnos con diferentes artistas y amigos, actores y cantantes. A todos les explicábamos muy entusiasmados nuestra idea, cómo pensábamos desarrollar el concepto y por qué queríamos a famosos en el espectáculo y no a cualquier persona. A muchos les parecía muy arriesgado y pensaban que participar podría perjudicar su carrera como actores, que nadie los iba a contratar si salían quitándose la ropa y bailando para mujeres.

Por fortuna, otros sí entendieron nuestra visión y se la jugaron con nosotros.

Sabíamos que para tener éxito necesitábamos hacer ruido, de modo que Alexis y yo empezamos a correr la voz entre los medios de comunicación y en todas las entrevistas que dábamos hablábamos de lo que estábamos preparando. Cuando empezaron a salir notas y reportajes diciendo que un grupo de actores y cantantes famosos iban a realizar un espectáculo llamado *Sólo para mujeres*, en el que se iban a quitar la ropa, creció el morbo y se generó un fenómeno mediático. Todavía no teníamos fecha de estreno ni habíamos publicado los nombres de los integrantes del elenco, y ya éramos el tema de moda en la industria.

Producir espectáculos no es nada fácil y mucho menos barato. Yo ya había aprendido eso en mi productora, así que hablé con mi amigo Federico Alamán, que en ese momento era director de eventos internacionales de CIE, y él nos llevó con René Reyes, director de eventos en México de música en español en Ocesa. Cuando le presentamos el proyecto, se entusiasmó muchísimo con la idea; en poco tiempo, firmamos contrato y comenzamos a trabajar con ellos.

Ya habíamos generado mucha expectativa y ruido en la prensa, así que establecimos una fecha de estreno e invitamos a todos los medios de comunicación. Decidimos presentar el primer espectáculo de *Sólo para mujeres* en el Teatro Metropólitan y nos pusimos a trabajar para asegurarnos de hacer la mejor presentación posible. Nos dedicamos a los ensayos, las pruebas de vestuario, la coreografía y todo lo que tenía que ver con el espectáculo. Todos los del elenco y nosotros, como productores, estábamos nerviosos por la respuesta del público, pues estábamos arriesgando mucho al hacer un espectáculo de esta naturaleza. Nos estábamos jugando nuestro futuro.

Finalmente, llegó la fecha de la primera presentación. El espectáculo fue muy atropellado: minutos antes de salir al escenario, no estaba listo el vestuario y había un equipo de costureras trabajando en bastidores para completar el vestuario del siguiente número, ¡mientras estábamos en escena!

Aunque habíamos ensayado las coreografías mil veces, en el estreno hubo algunos errores; por suerte, sólo nosotros nos dimos cuenta. El público estaba tan entusiasmado y prendido que no se percataron de nada, sólo querían vernos bailar una y otra vez. A pesar de que no fue un espectáculo perfecto, la respuesta de las mujeres que asistieron fue sensacional. Todas nuestras compañeras y amigas del medio fueron a apoyarnos y divertirse, e incluso muchos hombres del medio y de la prensa llegaron vestidos de mujeres, lo que lo hizo más divertido. A toro pasado puedo decir que fue una locura montar ese espectáculo, bailar y quitarnos la ropa, pero con la respuesta del público entendimos que tomar ese riesgo había resultado en un fenómeno que crecería más allá de los escenarios.

Después del estreno en el Metropólitan, iniciamos de inmediato la primera gira y generamos mucha polémica en el interior de la república. Cuando empezamos a anunciar un espectáculo de actores famosos que se quitaban la ropa en ciudades como Querétaro, León, Guanajuato y Puebla, surgieron personas, asociaciones y grupos religiosos y políticos que se manifestaron en contra. Si en la Ciudad de México, que es más progresista y liberal, hubo mucha resistencia, imagínense lo que sucedió en el interior del país, en ciudades mucho más conservadoras. Algunos de esos grupos incluso llegaron a plantarse con pancartas la noche anterior frente a los teatros donde nos íbamos a presentar, para gritar consignas en contra nuestra y de las mujeres que nos querían ver. Alegaban que atentábamos contra la moral y las buenas costumbres, y llegaron al extremo de los golpes y empujones para tratar de impedir la entrada a las mujeres que habían comprado boletos para vernos.

La mayoría de esos grupos estaban encabezados por hombres que mandaban a mujeres a protestar; lo único que lograron fue generar todavía más morbo y que se abarrotaran los teatros. En muchos estados del país, quienes decidían si nos otorgaban el permiso de presentarnos eran los diputados locales, presidentes municipales o regidores de cabildos, en su mayoría hombres, pues en ese momento, tristemente, había muy poca participación de mujeres en la política. Hubo espacios en los que nos negaron la posibilidad de presentarnos.

La ciudad de Puebla fue un caso muy particular: cuando llegamos al teatro, llegaron autoridades locales, todos hombres, para leernos la cartilla como si se tratara de la Santa Inquisición. Quisieron dictarnos sus reglas, cosas absurdas como que no podíamos quitarnos ropa o que no debíamos realizar movimientos sensuales o provocadores. No les hicimos caso; a las mujeres del público les dimos la misma presentación que dábamos en todos lados. Como respuesta, las autoridades poblanas clausuraron el teatro, nos impidieron dar el resto de las funciones y abrieron una carpeta de investigación en nuestra contra por alterar el orden y realizar actos lascivos. Por suerte, les salió el tiro por la culata: hubo una gran manifestación de mujeres que les exigían a las autoridades la libertad de elegir adónde ir y en qué gastar su dinero. A Manuel Bartlett, que en ese entonces era el gobernador del estado de Puebla, no le hizo nada de gracia el movimiento que se generó y mucho menos el boom mediático. Muchos medios de comunicación, tanto nacionales como internacionales cubrieron ampliamente lo que había sucedido con nuestro espectáculo en Puebla. La cobertura hacía hincapié en que era un atropello a los derechos de las mujeres y que estaban coartando la libertad de expresión de los artistas que participábamos en el espectáculo. La presión mediática fue tan fuerte que finalmente nos dieron otra fecha para que nos pudiéramos presentar.

Me sorprendía mucho que cuando hacíamos espectáculos en la Ciudad de México venían mujeres de los estados donde más escándalo se había hecho. Muchas de ellas iban a los camerinos a tomarse fotos y que les firmáramos autógrafos, y nos confesaban que habían participado en las manifestaciones en sus ciudades ¡en contra de *Sólo para mujeres*! Algunas hasta les habían jalado los cabellos a otras mujeres que intentaban entrar, pero en la Ciudad de México pasaban desapercibidas; ahí no las conocía todo el mundo y podían vernos sin preocuparse por el qué dirán. Iban en grupos grandes de amigas, mamás, hijas y primas.

Los arzobispos de las ciudades donde había tanta polémica por nuestras presentaciones llegaron al grado de amenazar a sus feligresas con la excomunión si acudían a vernos. Era una locura, pero la realidad es que los artistas vanguardistas y disruptivos siempre han estado en el ojo del huracán. Guardando las proporciones, las presentaciones de Elvis Presley eran vigiladas por la policía en las ciudades más conservadoras de Estados Unidos, quienes estaban pendientes de los movimientos que hacía en el escenario porque los consideraban lascivos. Los artistas siempre han generado transformaciones y movimientos sociales, políticos y religiosos. *Sólo para mujeres* fue un parteaguas en México.

Muchos se burlaron cuando dije que *Sólo para mujeres* influyó y fue parte del movimiento feminista de nuestro país, pero sostengo lo que dije. Tratábamos a las mujeres que asistían al espectáculo con mucho respeto, y dado que sólo podían entrar mujeres, era un espacio seguro que les pertenecía sólo a ellas; desde su butaca, podían reconocerse como grupo y sentirse empoderadas. Comprar un boleto para vernos era un acto que requería valor y manifestaba su rebeldía ante las reglas de una sociedad masculina. Al principio, por la tremenda controversia que provocábamos, las mujeres tenían que ir a escondidas o disfrazadas para que no las criticaran en su comunidad y las atacara la sociedad, pero después pudieron acudir como se les daba la gana. Incluso el prestigioso escritor Carlos Monsiváis escribió un artículo sobre *Sólo para mujeres*, en el que puso énfasis en el fenómeno social que representaba para México y que se daba en una coyuntura de liberación y lucha por los derechos de mujeres.

Sólo para mujeres tuvo un éxito prolongado y recorrimos prácticamente todas las ciudades de México. También llevamos nuestras presentaciones más allá de nuestras fronteras, a países como Venezuela, Colombia, Panamá, Costa Rica, Perú y Chile. Además, nos presentamos en las ciudades más importantes de Estados Unidos: Los Ángeles, Nueva York, Miami y Las Vegas. Llevar un espectáculo cien por ciento mexicano al Mandalay Bay de las Vegas habla de su calidad.

Además de Alexis Ayala y yo, participaron actores prestigiosos, como Manuel Landeta, que protagonizó muchas telenovelas exitosas; Jorge Salinas, quien fue de los primeros en entrar y estaba en el mejor momento de su carrera; los ex Menudo, Johnny y René; Hugo Acosta, Bobby Larios, Juan Carlos Casasola, Ciao, Arturo Vázquez, Raúl Magaña, Latin Lover y Poncho de Nigris, por mencionar sólo a algunos de los que fueron parte de *Sólo para mujeres*. También tuvimos invitados especiales en algunas presentaciones para darle variedad al espectáculo, como Omar Chaparro, Coque Muñiz, el Borrego Nava y Eugenio Derbez. Entre los conductores invitados, estuvieron Jaime Camil y Benny Ibarra, entre otros.

Por desgracia, muchos traicionaron al concepto y a nosotros, e intentaron hacer su propio espectáculo imitando nuestro proyecto, pero la realidad es que nunca lograron el éxito que tuvo el original. La realidad es que la magia de *Sólo para mujeres* estaba en el concepto y el nombre, y nadie lo logró replicar. Alexis y yo teníamos muy claro que para que nos respetaran debíamos ser muy respetuosos, así que teníamos reglas muy estrictas: el único contacto con las mujeres que nos iban a ver era cuando nos tomábamos fotos y firmábamos autógrafos.

Me encontraba en una etapa muy padre de mi carrera, pues el espectáculo fue evolucionando con nuevos integrantes y formas. Sin embargo, también viví una de las situaciones más difíciles de mi vida.

En 2005 estábamos por volver a estrenar con un nuevo elenco, así que realizamos distintos actos de publicidad para dar a conocer a los nuevos integrantes. Como parte de esto, íbamos a grabar a los chavos haciendo un recorrido en moto por la Ciudad de México, transmitido como si fuera en vivo por la producción de Memo del Bosque.

El día de la grabación, salí de mi casa en Valle Escondido. Mi hijo Sergio, que tenía cinco años, siempre me daba la bendición antes de que me fuera a trabajar. Cuando estaba a punto de salir, me llamó y regresé para que me diera su bendición y un beso. Lo abracé, me despedí de él y me subí en la moto para irme a Televisa.

El plan era partir de Televisa San Ángel para circular por el Periférico hacia el sur de la ciudad. Rodaríamos a baja velocidad y sin casco, para que se pudieran ver los rostros de todo el elenco, pues se trataba de presentarlos y que las fans los reconocieran. No consideramos que esto requiriera permiso, pues no íbamos a cerrar ninguna vialidad. Para que hubiera menos coches en la calle, decidimos hacerlo después de la medianoche. Iniciamos el recorrido con las camionetas grabando enfrente de nosotros.

Poco antes del centro comercial Perisur, nos detuvimos para organizar la grabación. Les dije que se formaran de dos en dos y entramos a los carriles centrales de Periférico. Mi chofer manejaba mi coche, cerrando la marcha en la retaguardia con sus intermitentes encendidas. Todo estaba saliendo de acuerdo con el plan. Poncho de Nigris tuvo problemas con su moto y se detuvo, así que mi chofer también se detuvo para ayudarlo. Nosotros seguimos manejando para las cámaras frente a Perisur. Yo me adelanté para sugerir las últimas tomas al equipo de Televisa.

En ese momento, escuché a lo lejos a un coche acelerar y vi por el rabillo del ojo una luz que se aproximaba a gran velocidad. Todo sucedió en pocos segundos, pero yo lo viví en cámara lenta; el tiempo se detuvo y una noche de trabajo se convirtió en una pesadilla. De reojo, vi cómo el vehículo empezó a arrollar a mis compañeros. Al principio, no podía creer lo que estaba viendo, mi mente trataba de encontrarle un sentido a lo que estaba pasando. Pensé que alguien había perdido el control de su moto y había causado que los demás se cayeran, hasta que el coche que terminó con la vida de mi amigo y compañero Edgar Ponce también estuvo a punto de arrollarme.

El coche pasó a unos cuantos centímetros de mí. Vi chispas cuando la moto de Edgar salió disparada y se estrelló contra la camioneta de Televisa, que estaba a mi lado. El coche trató de seguir su camino, pero una de las motos que había derribado se quedó atorada en su parte baja y perdió el control justo antes de poder atropellarme; se desvió hacia la derecha, pasó por encima del camellón y se estrelló contra el muro de contención del puente de Zacatépetl.

Empecé a escuchar exclamaciones de dolor y de coraje, alguien gritaba: "¡Está loco, está loco!". Yo estaba en *shock* mientras veía pedazos de moto regados por todo el pavimento y cuerpos que trataban de incorporarse.

Parecía una zona de guerra, como si hubiera caído una bomba sobre nosotros. Escuché los gritos de mis compañeros y corrí para tratar de ayudarlos. Nunca había sentido tanto terror, confusión e incredulidad. Comencé a verificar el estado de cada uno de ellos y pusimos señalamientos para evitar un percance mayor.

De pronto, llegué a donde estaba Edgar Ponce. En un segundo, me di cuenta de la gravedad de su estado: su cuerpo estaba muy maltratado, se esforzaba sobremanera para respirar, jalando aire entrecortado. Tomé su mano y le supliqué que aguantara, que ya venía ayuda, que fuera fuerte, que resistiera. Mientras acompañaba a mi amigo, que agonizaba de dolor, escuché al conductor del coche que lo arrolló hablar por celular y decir fríamente: "Acabo de chocar frente a Perisur". Me tuve que contener para no ir a partirle la madre, tenía que quedarme con mi amigo, que estaba luchando por su vida. El tiempo fue eterno hasta que por fin llegaron las ambulancias.

En el camino al hospital, Edgar tuvo un paro cardiaco, pero lograron reanimarlo. Cuando llegamos al hospital, tuvo un segundo paro. El equipo médico hizo todo lo posible por revivirlo, pero mi amigo había muerto. Tomé su mano y sentí cómo su piel iba perdiendo el calor, era como tocar cera. Fue una de las experiencias más dolorosas y tristes de toda mi vida; ver cómo se extingue la luz de un ser humano, sobre todo cuando se trata de un amigo, es un sentimiento del que nunca te recuperas. Vivo todavía con ese vacío.

Alexis y yo estuvimos toda la noche en el hospital. A las cuatro o cinco de la mañana, con un cansancio y dolor más emocional que físico, salí para irme de inmediato al programa de Carlos Loret de Mola, que iniciaba a las seis de la mañana. La muerte de Edgar y el "accidente" en Perisur ya eran noticia nacional, y esa noche se convertiría en nota internacional. Expliqué en el noticiero de Loret de Mola lo que había pasado. Ya sabíamos que habían detenido al agresor y que en tan sólo unas horas había salido en libertad.

La Procuraduría de Justicia del Distrito Federal, a cargo de Bernardo Bátiz, lo dejó libre. Yo estaba muy alterado y dolido por la muerte de Edgar, por las lesiones que habían sufrido mis otros compañeros y por lo que consideraba que estaba siendo un acto de injusticia e impunidad. Dije lo que pensaba al respecto en ese noticiero. Por supuesto, mis palabras molestaron a más de una persona.

Comenzó una controversia en mi contra: hablaban sobre si teníamos que haber pedido permiso de grabación, que por qué no usábamos cascos, e intentaban inculparme en algo que en realidad no era producción mía. Los ejecutivos de Televisa nos aseguraron que nos darían todo el apoyo jurídico y legal, pero nos pidieron que no se mencionara a la empresa. Me eché todo al hombro: los medios me culpaban e incluso recibí ataques de los familiares de Ponce.

Edgar Ponce perdió la vida a manos de Luis Pascacio Muguerza, quien después de atropellarnos, estuvo detenido tan sólo por unas horas en la delegación, pero nunca pisó la cárcel. La Procuraduría decidió finalmente no proceder en su contra y sus peritos aseguraron que se había quedado dormido al volante. Lo declararon culpable de homicidio culposo y no doloso.

El asesinato de Edgar quedó grabado y generó un impacto enorme a nivel nacional e internacional. Siempre apoyamos y estuvimos al pendiente de la familia de Edgar y de su hija. Decidimos no cancelar el estreno, y una semana después presentamos un espectáculo con muchos compañeros enyesados y en muletas en honor de Edgar Ponce.

Luis Pascacio siguió su vida en libertad.

Issabela, el amor de mi vida

La separación de Bárbara fue un momento muy difícil en mi vida, pero seguí adelante, me enfoqué en mi trabajo y en mi hijo Sergio. De vez en cuando tenía alguna cita con mujeres que me presentaban mis amigos, pero ninguna de esas citas progresaba a una relación, pues mi prioridad era mi hijo y no quería interrumpir su vida con amores pasajeros.

Todo eso cambió cuando conocí a Issabela.

Un día recibí una llamada de Televisa para decirme que la producción de Luis de Llano, que estaba a cargo del Teletón, había propuesto una actividad que se llamaba *El salto de las estrellas*. Invitaron a varias celebridades a participar en un evento ecuestre y para ello tomaríamos clases de salto y equitación por dos meses. Acepté la invitación encantado, y llegué a la primera clase en el centro ecuestre de la Secretaría de la Defensa, sobre avenida Constituyentes.

Me fui a mi primera práctica en moto para evitar el tráfico. Cuando llegué, saludé a Tony Camil, quien coordinaba el evento y me dio la bienvenida personalmente. Fui de los primeros en llegar, y mientras esperábamos a los demás participantes tuvimos tiempo de platicar. De inmediato, creamos un vínculo muy lindo, había algo en nuestras personalidades que se complementaba. Algo vio en mí que le gustó, porque al final me dijo que quería presentarme a su hija, que vivía en

Los Ángeles y que iba a conducir el evento. Le dije que me encantaría conocerla, pero no volvimos a tocar el tema y yo me concentré en las clases.

Días después, mientras practicaba con el caballo, vi a una chica sentada en las tribunas observando las clases. Me llamó la atención su belleza, pero sobre todo su elegancia, estilo y clase, una mujer distinguida y completamente diferente a mí. Cuando acabó el entrenamiento, Tony se acercó a mí y me llevó con su hija Issabela para presentármela. Para mi sorpresa fue la misma mujer que había llamado mi atención desde las tribunas. Fue un encuentro muy breve, intercambiamos saludos y pocas palabras, pero esos breves momentos fueron suficientes para que yo no me la pudiera sacar de la cabeza. Issabela fue simpática, amable, pero arrogante, sabía perfectamente quien era ella y lo que representaba para los demás. Sin embargo, no me achiqué ni me sentí intimidado. La saludé con mucha seguridad y aplomo, pues aunque vengo de una familia de diferente estrato social, siempre mis padres me inyectaron seguridad.

Pasaron varios días sin que la volviera a ver, hasta que tuvo lugar una conferencia de prensa que encabezaban ella y otra mujer. Después de la presentación, me acerqué y le propuse tomarnos un café en otro momento. Me dijo que sí, pero tuve la mala ocurrencia de decirle a mi chofer que tomara su número, porque yo estaba atendiendo la entrevista de un periodista. Issabela se molestó mucho con mi descortesía, y aunque no era mi intención ofenderla, ya no había nada que pudiera hacer.

El día del evento ecuestre para el Teletón, Issabela llegó acompañada por el hijo de un expresidente y se sentó con sus papás y su hermano Jaime. Yo estaba en otra mesa con mis papás. En cuanto tuve oportunidad, me acerqué a ella y le ofrecí una disculpa por la desatención que había tenido cuando le pedí su número. Le pedí que me acompañara unos momentos y accedió. La tomé de la mano, la llevé a la mesa donde estaban mis padres y la presenté como la futura madre de mis hijos. Issabela soltó una risa nerviosa, pero mis papás, que me conocen bien, le dieron la bienvenida como si ya fuera parte de la familia. Platicamos por unos momentos y luego la acompañé de regreso a su mesa y me despedí de todos. Me di cuenta de que Issabela seguía sorprendida por lo que había hecho, pero yo siempre he sido así, parte de mi carácter es ser directo.

Después del evento, traté de contactarla por teléfono durante varios días, pero ella no contestaba ni me regresaba las llamadas. Tuve un viaje a Los Ángeles por trabajo, así que la busqué y le dije que había ido sólo para verla. Ella me respondió que no podía verme porque iría a un concierto de U2. Pasó un tiempo en el que la estuve buscando y no se daban las cosas. Yo seguía con *Sólo para mujeres* y grabando *La fea más bella*, donde su hermano Jaime Camil era el protagonista. Pero estábamos destinados el uno para el otro, y terminamos coincidiendo de manera inesperada.

Un día, estaba en el aeropuerto, de regreso de una gira, cuando me encontré con ella y con su hermana. La había buscado en todos lados, pero lo último que quería era que me viera desvelado, en pants y sin rasurar. No me quedó de otra y las saludé. Algo le debió haber llamado la atención, pues me pidió que la llamara para ponernos de acuerdo para vernos. Me llené de felicidad.

La llamé y para nuestra primera cita la invité al Auditorio Nacional a ver a Ricky Martin. Como el mánager me había invitado, al terminar el concierto pasamos al camerino a saludar a Ricky. Presenté a Issabela como mi prometida y de paso le pedí que fuera nuestro padrino de bodas. Ella estaba en *shock* mientras Ricky nos decía que estaría encantado de ser nuestro padrino, pero mi actitud finalmente le causó gracia y nos fuimos a cenar.

Al fin, nos encontrábamos frente a frente y nos pudimos conocer. Fue una cena muy especial, en la que no hablamos de trivialidades: empezamos a hablar de nosotros y de nuestro futuro juntos. Nos contamos mutuamente lo que esperábamos de una pareja y de una relación a largo plazo, del matrimonio y de los hijos. Ella me dijo que le llamaba mucho la atención la relación y el trato que teníamos como padre e hijo Sergio y yo, y me dijo: "Me gustaría que el padre de mis hijos fuera alguien como tú".

Todavía no éramos pareja y ni siquiera nos habíamos dado un beso, pero ya estábamos planeando nuestra vida juntos, acordando los detalles como quien revisa los términos de un contrato. Hablamos sobre si ella se vendría a vivir a México conmigo, cómo organizaríamos la mudanza, en qué zona compraríamos casa. En esa cena, decidimos intentarlo y entendimos que nos gustaba lo que veíamos el uno del otro, aunque habíamos pasado apenas unas horas juntos.

Cuando ya éramos pareja, Issabela vino unos días conmigo a México. Yo seguía tratando de convencerla de que viviéramos juntos. Ya habíamos comprado hasta un refrigerador y estaba buscando la casa donde íbamos a vivir. Seguía grabando *La fea más bella* y coincidió que la telenovela requería el personaje de una modelo. La productora le propuso el papel como invitada especial. Nuestros personajes estaban relacionados y compartimos muchas escenas.

En una comida organizada por su padre y su hermano para el grupo U2, tuvo lugar uno de los momentos más hermosos que hemos vivido y uno de mis recuerdos más preciados. Después de recibir la invitación a comer con el grupo, con quien la familia de Issabela tenía muy buena relación, pedí permiso en la producción de la telenovela para ausentarme unas horas. Esa mañana, Issabela me había comentado que tenía unos días de retraso y me había encargado que comprara una prueba de embarazo. Tomé mi moto, salí de Televisa rumbo al Ajusco y en el camino me detuve en una farmacia.

Mientras platicábamos en la sobremesa con Bono y los otros integrantes de U2, Issabela me pidió la prueba de embarazo y nos levantamos de la mesa. Antes de que ella viera el resultado, tomé la prueba y la guardé en mi chamarra. Me despedí de mis suegros y los invitados y regresé a trabajar. Cuando llegué a Televisa, la saqué. Ya me esperaba el resultado, algo me decía que Issabela estaba embarazada y estaba muy emocionado. Cuando vi que era positiva, le mandé un mensaje a la mujer que siempre supe que sería madre de mis hijos: *Te escribo para decirte que estoy muy contento, las amo a las dos.* Ya sabía que sería una niña. Así es como Issabela se enteró que estaba embarazada.

Cuando se corrió la noticia de que Issabela y yo éramos pareja, no faltaron los que abrieron la boca para decir que no íbamos a durar, que estaba dando el braguetazo y que estaba con ella por interés. Hicimos oídos sordos, porque la gente siempre va a hablar, y el tiempo nos ha dado la razón. Desde el principio, le dije a Issabela que yo siempre la iba a tratar como reina, pero no le podía dar vida de reina. Ella lo sabía y lo aceptó.

Ya consolidados como pareja, presenté a Sergio e Issabela. Por fortuna, ambos quedaron encantados: Sergio la adoró desde el primer día y el sentimiento fue mutuo, por lo que se hicieron grandes amigos. Por supuesto, no fue un proceso fácil para mi hijo, que estaba acostumbrado a que fuéramos él y yo contra el mundo, cuando de pronto llegó a su vida una persona nueva y una hermanita en camino. Pero nos adaptamos y nos convertimos en una familia: Issabela, Sergio y su hermana que venía en camino, y yo.

El embarazo de Issabela fue una etapa muy linda en nuestra relación, nos fortaleció como pareja, nos hicimos mejores amigos, compañeros y amantes, y nos apoyamos en todo. El día que nació mi hija Antonia, yo estaba llegando a la ciudad después de una presentación en Cancún. Estaba en el aeropuerto cuando recibí una llamada para decirme que Issabela ya estaba en el hospital, a punto de dar a luz. Me preocupé mucho, porque teníamos otro espectáculo en Veracruz esa noche. Pero tenemos la fortuna de que mi suegra Tony siempre nos ha apoyado y me ayudó a resolver todo. Habían programado una cesárea, así que pude estar presente en la sala de parto para recibir a mi hija. Después de pasar un tiempo con mi familia, tomé un helicóptero que dispuso mi suegra para tomar mi vuelo a Veracruz. Volví al día siguiente para estar con mi hija y mi familia.

Cuando Antonia tenía tres años, Issabela y yo decidimos casarnos, no por obligación, sino por convicción. Nos casamos en Xel-Há, en un ritual maya: ella llegó en una canoa mientras yo la esperaba en la playa. Nos unió un chamán en una ceremonia muy hermosa y romántica en la que sólo estuvimos nosotros. Un tiempo después, hicimos una boda budista en el rancho de mis suegros, con invitados especiales. Nos acompañaron mi hijo Sergio y Antonia, que participaron como pajes. Es uno de los recuerdos más bellos de mi vida.

Finalmente, hicimos una boda por el civil muy íntima, con el juez Francisco Quiroz Acuña, papá de mi amigo, el actor y productor Gerardo Quiroz, y mi asistente y la nana de Antonia como testigos. Para mí fue muy especial que el papá de Gerardo nos casara, porque cuando me separé de Luisa Fernanda, Gerardo y su esposa me brindaron su casa, apoyo y cariño. Es un gran amigo, a quien aprecio enormemente.

Mi vida tiene un antes y un después de Issabela, mi compañera de vida y el amor más pleno que he vivido. Juntos hemos caminado en un proceso de eterno cariño y amor. Seguimos y seguiremos escribiendo nuestra historia juntos.

Mi hijo Sergio

Con Sergio, mi primogénito, siempre tuve una conexión muy fuerte. Cuando nació, lo recibí en el quirófano, como lo he hecho con todos mis hijos. Nuestro plan era llamarlo Marcel, pero cuando lo tuve en mis brazos y sentí que una parte de mí latía dentro de ese bellísimo ser, Bárbara y yo decidimos llamarlo Sergio.

Hemos sido amigos desde que él era un niño: he gozado viéndolo crecer en los foros y escenarios, y disfrutado cada una de sus etapas. Como padre, lo eduqué con amor: le enseñé a andar en bici, patinar, esquiar y conducir un auto. Como su madre tiene una gran carrera y es muy profesional, Sergio y yo pudimos pasar mucho tiempo juntos cuando él estaba creciendo. Mi hijo siempre fue un alma libre e independiente, todo lo contrario a lo que soy yo: no le gusta la disciplina o los horarios, ni que le digan qué hacer.

Cuando Sergio tenía cinco o seis años, fuimos a esquiar en nieve y lo subí conmigo a la montaña. Él apenas estaba aprendiendo y no tenía mucha experiencia. Empezamos a descender y yo me adelantaba, pero bajaba lento, esperándolo para hacerlo juntos. Él se caía o se tiraba, y yo regresaba para levantarlo. Esto pasó varias veces, hasta que me cansé de subir por la nieve para alcanzarlo, porque cada vez me costaba más. Después de la cuarta o quinta vez, me sentí muy molesto y le dije que se dejara de tirar porque ya estaba cansado de subir.

Me miró con los ojos llorosos y me dijo: "Papi, tengo miedo, me da miedo bajar por la montaña". De inmediato, entendí mi error y le pedí perdón: "Siempre que te caigas, voy a estar ahí para darte la mano y levantarte, no importa cuántas veces sea". Yo quería que aprendiera para que pudiéramos esquiar juntos en otros lugares, pero entendí que debía darle el tiempo y el espacio necesarios para que venciera el miedo. No podía apresurarlo.

Cuando bajamos de la pista de esquí, le expliqué la importancia de enfrentar los desafíos, que la diferencia entre los valientes y los cobardes es cómo combaten el miedo, que te debe ayudar a salir adelante y no detenerte. Siempre va a haber algo que te asuste, pero no debes dejar que eso te domine. El miedo es el enemigo de la creatividad y del éxito: hay que encararlo con valentía.

Sergio no era un buen alumno en la escuela. Yo estaba convencido de que debía educarlo como mis padres me educaron a mí, porque siento que la disciplina que me inculcaron me ha llevado hasta donde he llegado. Para que valorara el trabajo y lo que es ganarse la vida, lo mandé a buscar trabajo en la Central de Abastos cuando tenía diez o doce años, a las cinco de la mañana en transporte público. Lo acompañó un asistente.

Mi hijo se las ingenió y comenzó a pedir trabajo en distintos locales mientras el asistente lo vigilaba de lejos. Por fin, consiguió chamba y pasó el día levantando platos en un lugar donde vendían barbacoa. A las cinco de la tarde, regresó a casa con alrededor de ochenta pesos que le habían dado de propina los clientes del local. Le hice ver la cantidad de horas que trabajó y sus ingresos para que entendiera lo que le cuesta a la gente ganarse unos pesos. Para mí era muy importante que comprendiera que hay que trabajar para salir adelante.

Unos años más tarde, percibía que a Sergio le hacía falta disciplina, así que decidí mandarlo a la Missouri Military Academy. Pensé que sería una buena manera de que adquiriera disciplina, practicara inglés y conociera a nuevas personas. Poco después de que regresó de Missouri, estaba en la casa cuando escuché una melodía hermosa que salía de su habitación. Pensé que la estaba escuchando en el aparato de sonido, pero cuando entré a su cuarto me di cuenta de que él estaba tocando el piano. Comenzó a cantar en inglés una canción que se llama "Green Eyes". Yo estaba en una pieza, sorprendido por el talento de mi hijo y la belleza de la canción. No tenía idea de en qué momento había aprendido a tocar el piano.

Me dijo que había compuesto la canción para una chica que le gustaba. Sergio aún me reclama que lo haya mandado a una academia de ese tipo, pero reconoce que obtuvo algo bueno: ahí había un piano y en sus tiempos libres comenzó a tocar de forma lírica y autodidacta, sacando melodías y canciones. Ése fue su primer acercamiento a la música. Cuando terminó, me preguntó si me había gustado la canción. Le dije que no me había gustado, ¡me había encantado! Decidimos producir la canción y hacerle un videoclip; yo estaba feliz de poderlo apoyar.

Me emocioné muchísimo con el talento que había encontrado en mi hijo. Pensando como padre, consideré que necesitaba una mayor preparación musical, y lo apoyé para que mandara su solicitud a la Escuela de Música de Berklee, en

Boston. Me sentí muy feliz cuando lo aceptaron. Hicimos todos los preparativos y mi hijo partió a Boston. Poco tiempo después, recibí un correo del coordinador de la carrera preguntándome si Sergio se iba a presentar o no, porque ya habían pasado dos semanas de clase y no había asistido todavía. Me preocupé mucho, pues yo hablaba con él todos los días.

Al hablar con mi hijo al respecto, todo me hizo sentido. Él era totalmente lírico y había aprendido a tocar piano de manera autodidacta. No le gustaba aprender sobre estructuras y reglas de composición, estaba en una escuela especializada y sus compañeros llevaban toda una vida estudiando música. Él no sabía los términos que manejaban y no les encontraba sentido a las clases, así que había decidido irse a viajar y conocer Boston. Entendí que yo lo había mandado a la mejor escuela de música sin ninguna preparación previa, bases o conocimientos; es como mandar a alguien a estudiar matemáticas en el Instituto Tecnológico de Massachusetts sólo porque hace cuentas muy rápido. Pero el talento de Sergio era innegable: cuando el comité de admisión escuchó "Green Eyes", no sólo les gustó la canción, sino que dieron por hecho que conocía la teoría y los fundamentos musicales.

Sergio regresó a México y se inscribió en el Tec de Monterrey de Santa Fe. Después de un par de meses, se acercó a mí y de forma muy honesta me dijo que no quería que yo siguiera gastando mi dinero. Sí estaba asistiendo a clases, pero no le gustaba lo que estaba haciendo ahí y quería dejarlo. Le dejé muy claro que si no iba a estudiar, tenía que buscarse algo que hacer. Por desgracia, empecé a percibir que algo no andaba bien: tenía una actitud de apatía y valemadrismo que me preocupaban bastante.

Una tarde, entré a su cuarto y me di cuenta de que acababa de fumar marihuana. Para mí fue un *shock*. Estaba muy molesto y me sentí traicionado. De inmediato, decidí que lo iba a internar en una institución por un mes. En el tiempo que estuvo internado, platiqué sobre el tema con mis amigos, quienes me decían que había exagerado, que no era tan grave, que Sergio era una persona tranquila y nadie se había muerto por fumar marihuana. Comencé a informarme y aprendí sobre sus beneficios medicinales, y me di cuenta de que muchos de mis amigos fumaban o la habían probado por lo menos.

En una de las pláticas del lugar donde lo interné, me enteré de que la primera vez que fumó fue con su mamá. Ella lo hizo por ser *cool* y sentirse su amiga, pero me molestó profundamente el hecho de que lo hubiera dejado fumar tan pequeño y sin hablarlo conmigo antes, además de que gracias a ella había probado la marihuana. Después, reflexioné con calma al respecto: de entre todos los males, quizás había sido mejor que la hubiera probado en su casa con su mamá y no en la calle, pero me habría gustado platicarlo antes.

Hoy comprendo que quizá fui muy extremo con mis métodos, pero todo nació de mi preocupación por procurar que mi hijo tuviera una buena educación y una buena vida. Quería educarlo de la misma forma que me habían educado a mí, con trabajo y disciplina. No entendí que mi hijo es de otra generación, con otras formas de trabajar y entender la vida. Me costó mucho, pero creo que hoy comprendo mejor que debo permitir que cada uno de mis hijos se desarrolle a su ritmo y conforme a su personalidad.

Hoy ya no me espanta la marihuana, la probé a mis cincuenta y tantos años, y entendí que puede tener algunos beneficios. Aun así, creo firmemente que todo en exceso es malo, y que mientras más chico la pruebas es más fácil que te enganches y hagas mal uso de la sustancia, al igual que con el alcohol. Sin embargo, estoy convencido de que la legalización de la marihuana tiene más ventajas que desventajas. Como diputado, apoyé su despenalización.

El choque entre Sergio y yo, por nuestras personalidades y diferencias generacionales, llegó a ser tan grande que le dije lo mismo que en un momento me dijo mi padre: que en mi casa se hacía lo que yo decía, y si no estaba de acuerdo con mis reglas, la puerta era muy ancha y se podía ir. Sergio, con mucho valor, me dijo "Okey, papá", y se fue de la casa a los diecisiete años. Ahí me vi reflejado y confrontado con mi realidad. Recordé lo que había hecho en mi momento: yo también me había ido de mi casa para perseguir mis sueños porque mi padre no me entendía. Cuando Sergio se fue, pensé lo mismo que mi padre: que en quince días o un mes iba a regresar porque necesitaría que lo apoyara con la renta y su manutención. Pero no fue así: mi hijo salió adelante. Hoy tiene veinticuatro años y no me ha pedido nada desde que se fue.

Me siento muy orgulloso de él. Sé que pasó meses con hambre, que tenía que escoger entre comer y pagar la renta, que había días en los que sólo comía cereal. Se ganó mi respeto porque demostró que puede salir adelante.

En algún momento, le ofrecí manejar su carrera y le aseguré que en menos de un año lo podría convertir en una estrella de la música. Me respondió que ése era mi sueño, no el suyo. Hoy comprendo que a Sergio no lo mueve el dinero; aunque sabe que tiene el apoyo de un padre empresario, productor y, en su momento, diputado, él hizo las cosas solo. Me enseñó una gran lección: los padres también podemos aprender de los hijos. Entendí que es más importante que los hijos sean felices a que sean como nosotros queremos. Sergio tiene la formación, valores y principios de la familia, pero también la ideología de una nueva generación.

Escribir este libro me acercó a mi hijo de una forma completamente nueva. Al platicar con él sobre nuestra relación, se abrió por completo y pude saber cómo piensa y qué siente. Me confesó que de niño me tenía mucho miedo y que, aunque nunca fui agresivo con él, cuando lo regañaba sentía un gran terror. Por eso me había ocultado que fumaba y que no iba a clases en Boston. Me explicó que no había querido que manejara su carrera porque eso nos iba a separar en vez de unirnos, aunque después de platicar encontramos una manera en la que lo puedo apoyar. Hoy veo con orgullo el lanzamiento de su álbum titulado *We One*, en el cual hizo un gran trabajo al encargarse por completo de la producción, las letras y la música de las canciones.

Me siento muy agradecido porque después de escribir estas páginas me he reencontrado con mucha gente y mi relación con Sergio ha mejorado. Ahora, es más fuerte, más abierta, más honesta y más real. A pesar de que nuestra relación no ha sido perfecta, hemos encontrado la manera de crecer juntos y aprender uno del otro.

Jaime Camil Garza y mi veto de Los Pinos

El cine mexicano ha pasado por muchas etapas: desde la época de oro, con sus grandes figuras como Pedro Infante, Jorge Negrete, Joaquín Pardavé, Dolores del Río y María Félix, y directores como el Indio Fernández, Ismael Rodríguez, Julio Bracho y Luis Buñuel, que aportaron joyas fílmicas que aún disfrutamos, incluyendo obras que reflejaban la cruda realidad de la sociedad mexicana, como *Los olvidados*, *Las Poquianchis* y *Canoa*, y las célebres cintas de ficheras, hasta llegar a los grandes directores actuales que han ganado el premio Oscar: Alfonso Cuarón, Guillermo del Toro y Alejandro González Iñárritu.

Cualquier actor aspira a participar en una gran película; mientras la televisión es más efímera, los largometrajes ofrecen una mayor permanencia. Mi oportunidad para el cine llegó con una llamada de Luis Estrada, uno de los productores y directores más controversiales del denominado nuevo cine mexicano, quien había dejado huella con películas como *La ley de Herodes* y *El infierno*. Me buscó para ofrecerme interpretar el papel del presidente en su siguiente proyecto, *La dictadura perfecta*.

El "Perrito", como lo conocen en ese medio, porque a su padre le decían "el Perro", me mandó el guion para que lo revisara. Encontré una historia extraordinaria y consideré que era un gran honor participar en una película de gran calado. Después de leer el libreto, supe que la película causaría una gran polémica, porque en la historia aparecían acontecimientos del expresidente Vicente Fox y era la primera película en la que alguien se atrevía a incluir al presidente en funciones, que en ese momento era Enrique Peña Nieto. Representaba una gran oportunidad para mi carrera.

Aunque estaba muy emocionado por la oportunidad, estaba consciente de que había un factor de riesgo por la polémica que causaría, así que decidí comentar con varios amigos el impacto que eso representaría para mí. La primera persona a la que acudí fue mi suegro, Jaime Camil Garza. Él era amigo cercano de Enrique Peña Nieto desde antes de que fuera gobernador del Estado de México. Era de conocimiento público que mi suegro siempre perteneció al PRI y que la mayoría de sus amigos dentro y fuera del ámbito político eran priistas. Incluso, en algunas ocasiones llegué a coincidir con Peña y su familia en casa de mi suegro, y siempre nos trató con respeto y cariño a mí y mi esposa.

Jaime Camil Garza era un hombre generoso, cariñoso y muy solidario, lo cual lo hacía muy popular entre sus amigos y conocidos; también era el patriarca de su familia, donde ejercía el control absoluto. Como cortesía por la amistad que sabía que tenía con Peña, me reuní con mi suegro para expresarle mi deseo de actuar en la película de Luis Estrada, le mostré el guion y hablé de la gran oportunidad que representaba para mi carrera trabajar en *La dictadura perfecta*. Yo le quería contar sobre mis intenciones, pero no estaba buscando su aprobación. Aunque siempre recibí cariño y respeto de su parte, y a pesar de lo que muchas personas creen y han dicho, nunca recibí apoyo económico ni político de él. Teníamos una relación estrecha, pero lo que tengo lo hice por mi propio mérito y mis contactos. Así, al contarle sobre la película, simplemente estaba siendo coherente con el respeto que nos teníamos mutuamente.

Como era de esperarse, él me recomendó no hacerla. Consideró que era un tema político y que la finalidad de ofrecerme el papel era atacarlo y perjudicar su relación con Peña. Creía que me estaban utilizando. Le agradecí su opinión y le hice saber que mi intención era aceptar el rol. La plática se convirtió en una confrontación: era un hombre que no estaba acostumbrado a que le dijeran que no. Por su posición, relaciones, amistades y filiación partidista, lo estaba poniendo en una posición muy incómoda. Desde su punto de vista, pasara lo que pasara, él iba a quedar mal: si se sabía que se había enterado del proyecto, que yo sería parte de éste y que él no lo había evitado, quedaría como un traidor; si se creía que no se había enterado, quedaría como un pendejo que no tenía control sobre su familia política.

Me sentí ofendido, pues desde mi punto de vista, él no había tenido ni tenía que ver con mi carrera como actor. Me frustró que él pensara que me estaban ofreciendo el papel para perjudicarlo y no por mis capacidades, pues esto subestimaba mi nombre y mi carrera. Al ver que no iba a convencerme, le habló a Issabela y la presionó para que me disuadiera de trabajar en la película. Mi mujer me llamó: "Amor, no hagas la película, no te contrapongas a mi papá, no nos conviene. ¡Si te dice que no debes trabajar en ese proyecto es por algo!".

Mi suegro siempre fue una figura dominante dentro de su círculo familiar, y mi mujer le tenía un enorme respeto que rayaba en el miedo. Siempre se hacían las cosas como él decía. Yo sabía que si cedía a su "recomendación", quedaría bajo sus órdenes para siempre y estaría supeditado a lo que él quisiera. Tuve que ser firme y responderle a Issabela: "Yo lo único que siento por tu papá es cariño, respeto y admiración. Todo lo que tienes es gracias a mi trabajo, no tengo nada en mi casa que él me haya dado. En mi vida personal, en mi casa y en mi carrera, las decisiones las tomo yo. Aquí es un punto de quiebre: sigues conmigo o bajo la tutela de tu papá".

Pedí la opinión y consejo del entonces secretario de Gobernación del país, Miguel Ángel Osorio Chong, con quien mantuve una amistad desde que era gobernador de Hidalgo, cuando yo estaba en Garibaldi. Me atendió en su oficina particular, no en la oficial. Le platiqué sobre la película y que me habían ofrecido el papel de presidente. Le conté también sobre mi confrontación con mi suegro y las razones por las que la película podría casuar mucha controversia, le expliqué que Jaime Camil Garza me exigía no hacerla y que por eso quería su opinión y consejo. Dejé muy claro que si yo no lo hacía, lo haría alguien más, y que mi intención era hacer un personaje respetando la investidura de la presidencia hasta donde se pudiera sin cambiar el guion. Haría finalmente lo que el director me indicara.

Miguel Ángel Osorio Chong sonrió y me dijo: "No te preocupes, amigo, creo que la debes hacer. Como dices, si no la haces tú, la hará otro. Allá arriba son muy abiertos y piensan igual que yo, estoy seguro de que él estará de acuerdo en que la hagas". Por "él" se refería al presidente Peña. Nos tomamos una foto que él mismo publicó en su cuenta de Twitter, nos despedimos y salí de su oficina. En cuanto salí, le escribí a mi suegro porque le quería contar sobre la reunión que acababa de tener. Para mi sorpresa, me respondió en tono seco que ya estaba enterado y que me esperaba en su casa.

Cuando llegué, nos sentamos donde siempre recibía a sus invitados. No había terminado de acomodarme cuando me preguntó: "¿Cómo te atreves a buscar al secretario de Gobernación para consultarle un tema como éste?". Me di cuenta de que mi suegro estaba muy enojado, pero tuve que ser firme. Le dije que no se equivocara, que quien había pedido esa reunión era Sergio Mayer, no el yerno de Jaime Camil Garza, y que me había recibido por la amistad que tenemos desde hacía muchos años. Le expliqué que esto no tenía nada que ver con él y que la recomendación del secretario era que participara en la película. Ya había tomado la decisión de aceptar el papel.

Sabía que estaba poniendo a mi suegro en una posición complicada, pero esto se trataba de mi carrera. Le di su lugar y por eso le expliqué la situación desde un principio. Creo que en parte me atreví a hacerlo porque no le debía nada, ni contactos, ni dinero, ni apoyo, y eso me daba la libertad de tomar mis propias decisiones. Si yo le hubiera debido algo, quizás hubiera tenido que ceder.

Por supuesto, le molestó muchísimo que le llevara la contraria. Cambió el tono de nuestra relación y eso también puso muchísima presión en mi relación con Issabela y en la relación de los dos con toda su familia. Pero creo que, a la larga, ver que podía ser firme en mis decisiones hizo que él me respetara más y al final se terminaron fortaleciendo los lazos familiares. Mi suegro siempre estará en mi corazón y mi memoria como un gran amigo y consejero.

La película *La dictadura perfecta* fue un gran éxito y, como era de esperarse, causó revuelo en la sociedad mexicana.

Mi participación en la película generó tensión no sólo en mi familia, sino también en otras áreas de mi vida. Desde hacía muchos años, yo participaba activamente en la política y la senadora Hilda Flores me había nombrado vocero de los derechos de los niños en el Senado de la República. Participaba activamente a través de asociaciones y organizaciones de la sociedad civil, aportando ideas y propuestas para el legislativo. Gracias a ese trabajo, había acudido varias veces a la residencia de Los Pinos, donde el presidente Peña siempre me había tratado con respeto y afecto.

Cuando acudí al primer evento después del estreno de la película, pensé que sería como siempre, pero cuando se acercó a los que estábamos en la primera fila, saludó a las personas que estaban a mi derecha e izquierda, y me ignoró por completo. Resultó que la idea que Osorio Chong tenía de que el presidente Peña iba a entender mi participación en la película estaba equivocada.

Quince días después, Gobernación me invitó a Los Pinos como representante de la asociación Be Foundation, con quienes había apoyado a personas que vivían en Estados Unidos sin acta de nacimiento ni documentos, por lo que carecían de identidad y eso los hacía doblemente ilegales. Por medio de la fundación logramos un convenio con gobernadores y cónsules en Estados Unidos para que esas personas pudieran gestionar de manera gratuita un acta de nacimiento. Es una labor muy importante, pues el derecho a la identidad es fundamental; una persona sin acta no existe ante el Estado, por lo que no puede tramitar una credencial para votar y no tiene acceso a servicios de salud o de educación, entre muchas otras carencias. Ni siquiera forman parte de las estadísticas, por lo que incluso puede ser conveniente para el Estado. Por eso, firmar este convenio fue un gran logro, y debo reconocer el trabajo de la senadora Adriana Dávila Fernández, quien ayudó a impulsar el convenio.

La firma se realizaría en Los Pinos y yo había confirmado mi asistencia. Llegué al evento con personas de la fundación y saludé en la entrada a la subsecretaria Paloma Guillén, una priista muy conocida y hermana del subcomandante Marcos, del EZLN. Di mi nombre e identificación y me entregaron un gafete, lo cual quiere decir que mi presencia estaba confirmada como invitado especial. Al cruzar el primer arco magnético, cuatro personas estaban esperándome, entre ellos, el actual senador por Morena, Alejandro Armenta Mier. Nos dijeron que no había lugar para mí. Creí que se referían al presídium y dije que no había problema, yo me sentaría en otro lado. Intenté seguir caminando, pero me cortaron el paso. Alejandro Armenta me dijo explícitamente que no era bienvenido y que no podía entrar al evento.

La presidenta de la fundación, Karen Mercado, fue muy firme y solidaria. Les dijo que si yo no entraba, ella tampoco entraría, porque ese convenio no se habría logrado sin mi apoyo. Ella iba a firmar el convenio como testigo de honor con todos los cónsules y gobernadores. Le pedí entonces que se quedara: llevaba muchos años peleando por esto y éste era su momento. Pero ella estaba convencida de que era una injusticia que no me dejaran pasar, así que se negó a entrar al evento sin mí.

Karen y yo nos retiramos de Los Pinos y nos fuimos por un café a celebrar el convenio entre nosotros y platicar sobre lo sucedido. El hecho ya se había convertido en un escándalo, porque los asistentes y periodistas se dieron cuenta de que me habían negado el acceso. López-Dóriga me llamó para entrevistarme en vivo: quería saber si mi papel como presidente tenía que ver con la forma en que me habían tratado. De manera prudente, respondí que no podía asegurar que la causa por la que me habían impedido entrar al evento estuviese relacionada con la película *La dictadura perfecta*. Él seguía insistiendo, pero le dije que no tenía más información. Antes de que terminara la llamada, en broma, López-Dóriga dijo que no me habían dejado pasar porque no soportaban que hubiera dos presidentes en el mismo lugar.

Esa misma tarde, me llamó Alejandro Armenta para decirme que quería hablar conmigo en persona. Acepté y lo cité en mi oficina. Frente a frente, me ofreció disculpas a título personal. Cuando le pregunté quién había dado la orden, sabiendo que en Los Pinos no se movía un dedo sin la autorización del presidente, como buen político asumió la culpa y me dijo que la instrucción había sido suya y que había sido un error. Al día siguiente, Armenta dejó su puesto como director general de RENAPO para hacer campaña para diputado federal de Puebla. Muchos pensaron que su renuncia tenía algo que ver con lo sucedido en Los Pinos.

Recordé las palabras de Carlos Salomón: con un comentario mediático se puede hacer mucho daño. Tenía dos caminos: victimizarme y exponer ante los medios a Armenta, o callar y sumar a un amigo y aliado; sumar o dividir. Hasta el día de hoy, la prensa nunca supo quién impidió mi entrada a Los Pinos. He apoyado a Armenta en su carrera política a través de las redes sociales. Hoy forma parte de Morena y tiene grandes posibilidades de convertirse en el gobernador de Puebla.

Antes de que saliera la película, le había pedido al senador Emilio Gamboa, quien coordinaba el grupo parlamentario del PRI en el Senado, que me contemplara para participar en las elecciones de 2015. Me dijo que me consideraría, pero cuando salió la película recibí una llamada de su asistente para informarme que me habían descartado, pues mi papel había generado mucha molestia. *La dictadura perfecta* tuvo mucho éxito en taquilla; hasta la fecha, se utiliza el concepto de la caja china para hablar sobre una cortina de humo para distraer la opinión pública. El papel que interpreté, donde el presidente es retratado como un títere y se critica la influencia de las televisoras en el país, me abrió las puertas en la oposición. Muchos pensaban que era priista, pero siempre me he considerado un activista social, no un político de un partido, y lo sigo sosteniendo. Tan sólo soy un ciudadano con ideas independientes que participa en la política. Creo firmemente en mi capacidad para generar un cambio para bien en este país.

Secuestro y política

M i entrada en el mundo de la política se dio de manera muy natural, pues mis padres siempre me inculcaron la importancia de ayudar a la comunidad. Además, siempre he sentido que, como figura pública, mi responsabilidad es utilizar mi voz e imagen para el bien. Sin embargo, mi inquietud por involucrarme en la política nació con un evento desafortunado: el secuestro de mi hermano Helios.

En 2006, mientras estaba trabajando en una escena de *La fea más bella*, recibí una llamada de mis padres para decirme que mi hermano había sido secuestrado. Mi corazón se detuvo; no podía creer que esto le estuviera sucediendo a mi familia, pero debo decir que no era algo raro en esa época. México atravesaba una época muy complicada en temas de inseguridad, y todos conocíamos a alguien a quien le habían secuestrado un familiar. Pero nunca te imaginas que algo así te puede pasar a ti.

Ese día marcó el inicio de unos meses de total angustia y desesperación. Fue una época muy complicada, pues vivía de manera paralela dos experiencias muy distintas: por un lado, Issabela y yo esperábamos con muchísima ilusión el nacimiento de nuestra hija Antonia; por el otro, vivía todos los días con la incertidumbre de si volvería a ver a mi hermano o no.

Después de recibir la llamada de mis padres, me fui de inmediato a su casa para ver cómo íbamos a manejar la situación. Como era de esperarse, mi mamá estaba deshecha en llanto, y mi papá intentaba ser fuerte, pero podía ver que se estaba desmoronando por dentro. Mi reacción ante situaciones complicadas siempre es actuar, así que lo primero que hice fue llamar a mi amigo Carlos Salomón Cámara para que me orientara sobre con quién dirigirme para hacer la denuncia y que nos apoyaran con la búsqueda de mi hermano. Carlos nos puso en contacto con un director de la Policía de Inteligencia.

Era una época en la que reinaba el terror en el país; este tipo de acontecimientos dañan el tejido social y lesionan a las familias. No sólo sufre el secuestrado, sino también su familia, de manera física, psicológica, emocional y económica. Quienes son privados de la libertad por estos delincuentes son maltratados, ultrajados, violentados. Los torturan física y psicológicamente con amenazas de que los van a matar o mutilar, les dicen que les valen madre a sus familias y que por eso no han pagado.

Mantuvieron encadenado a mi hermano en el piso, con los ojos vendados. No tenía ningún tipo de privacidad y todo el tiempo lo maltrataban con acciones y palabras. Lo torturaban inyectándole el dedo índice con xilocaína: cuando dejaba de sentirlo, le hacían creer que se lo estaban cortando. Helios me confesó que llegó a pedir que lo mataran, porque ya no aguantaba la tortura.

Mi familia sufría, vivíamos deprimidos y en una angustia constante. Recibíamos llamadas llenas de amenazas por parte del negociador de los secuestradores, nos enviaban videos donde aparecía mi hermano y aparentaban que lo mutilaban o nos decían que ya lo iban a matar, y que nos lo iban a mandar en pedacitos. Exigían sumas exorbitantes de rescate, pensaban que porque yo era actor las podía pagar, pero no era así. Nos presionaban para que vendiéramos todo, propiedades, coches, joyas, a fin de poder pagar la suma que pedían, pero era una cantidad de dinero que estaba fuera de nuestro alcance.

Ver a mis padres llenos de dolor, desesperación y sufrimiento, sentirme yo mismo impotente, fue muy difícil. Si yo estaba sufriendo, no puedo imaginar el dolor que siente un padre o madre en esa situación. Para Issabela también fue horrible, pues la situación empañaba la felicidad y tranquilidad que se merecía en su primer embarazo. Ante una situación así, además de la angustia, el miedo y el dolor, el sentimiento que está más presente es la culpa. Los secuestradores me hicieron sentir culpable de estar en mi casa, de dormir en mi cama, de comer mi comida, de estar con mi esposa. ¿Cómo podía seguir con mi vida cuando mi hermano estaba secuestrado? Sentía que no merecía lo que tenía.

Por seguridad, el director de la policía nos recomendó que no compartiéramos el secuestro con nadie fuera de nuestro círculo familiar, así que debíamos fingir normalidad frente al resto del mundo. Mientras estaba hecho pedazos por dentro, debía grabar escenas interpretando a un personaje simpático, alegre y cómico. Aunque no podía sacar de mi mente a mi hermano, tenía que actuar y sonreír, ocultando ante mis compañeros, la producción y la cámara mi sufrimiento interno.

En algún momento de las negociaciones, los secuestradores exigieron hablar sólo conmigo, así que debía cargar con el teléfono todo el tiempo. Los secuestradores llamaban en el momento que querían, y yo vivía con un sentimiento horrible: escuchar el tono especial que había asignado para identificarlos me generaba tanta angustia como esperanza, pues quería decir que tal vez mi hermano seguía con vida. Como en los foros de grabación los teléfonos están prohibidos, al principio lo escondía entre mi ropa, pero después de que sonó mientras grabábamos una escena, tuve que contratar a un asistente para que estuviera siempre al pendiente del teléfono.

Lo que mantuvo de pie a mi familia fue la fortaleza de mis padres. Cuando nos reuníamos, mi mamá siempre ponía música de melodías angelicales y repetía la misma canción. En este tipo de situaciones, pasa una de dos cosas: o la familia se desestabiliza y se desmorona, porque no se ponen de acuerdo ante una situación tan difícil, o los lazos familiares se fortalecen, por atravesar algo tan duro juntos. Por fortuna, mi familia se unió aún más.

Una de las recomendaciones del director de policía fue que pidiéramos pruebas de vida cada vez que los secuestradores se pusieran en contacto con nosotros. Cada vez que recibíamos una foto, video o escuchábamos su voz, sentíamos una mezcla de angustia y alivio, pues si bien seguía con vida, no sabíamos si lo soltarían ni si lo volveríamos a ver. Después de muchos meses de negociación, por fin llegamos a un acuerdo con los secuestradores. Nos dieron instrucciones sobre cómo y dónde entregar el dinero del rescate. Fue complicado: había que recorrer varios puntos de la ciudad, utilizar distintos vehículos y cambiar las maletas con el dinero para al final dejarlas en un punto donde ellos las recogerían. Creo que uno de los momentos más difíciles de todo esto fue justo después de dejar el dinero, pues no sabíamos si iban a soltar a mi hermano o simplemente se iban a quedar con todo y matarlo.

Para nuestro alivio, después de varias horas que se sintieron como años, recibimos noticias de mi hermano. Lo habían dejado tirado al lado de una carretera, donde unas personas lo ayudaron y contactaron a la policía. Mi hermano regresó a casa en pésimas condiciones y con veinte kilos menos, pero vivo. Tengo grabada en mi mente para siempre la imagen de mis padres abrazando a mi hermano. No lo querían soltar. Toda la familia lloramos de alegría y alivio de tenerlo finalmente en casa. Después del secuestro, le costó mucho recuperarse emocionalmente, hasta que decidió vender lo poco que tenía e irse a vivir con su familia fuera de México.

En ese momento, yo también estaba muy asustado y estaba considerando hacer lo mismo. Estuve a punto de hacerlo, pero un buen amigo me dijo: "Tú puedes irte porque tienes cómo hacerlo, pero muchos no pueden. ¿Te quieres ir como un cobarde en lugar de levantar la voz, aprovechar que eres una figura pública y luchar por cambiar el país?".

Sus palabras me sacudieron, me hicieron ver que salir del país era la alternativa rápida y fácil, pero que como figura pública tenía una responsabilidad más grande. Podía y debía hacer algo. Recordé las palabras de Carlos Salomón, quien fue el primero en hacerme ver el poder que tenía al ser una figura reconocida. Decidí quedarme y luchar por un cambio.

En cierto sentido, siempre había estado en contacto con la política, porque me contrataban candidatos y partidos políticos para hacer presentaciones como artista en sus campañas electorales. Pero esto era distinto: con lo que pasó con mi hermano y con una bebé en camino, comencé a buscar diferentes actividades para aportar mi granito de arena. Así fue como me empecé a involucrar en asociaciones como Be Foundation y en la lucha por los derechos de migrantes, niños y adolescentes, además de los derechos de los animales.

En el entorno de las campañas políticas de 2018, empecé a participar más activamente. Cuando estaban compitiendo para la candidatura a la jefatura de gobierno de la Ciudad de México personas como Martí Batres, Claudia Sheinbaum y Ricardo Monreal, el equipo de Claudia Sheinbaum me contactó para proponerme hacer eventos de campaña en mi casa. Acepté y les abrí las puertas de mi hogar, de mi colonia, de las colonias aledañas y de la comunidad artística. Al ver que los eventos eran un éxito y que yo demostraba interés en la participación política, Lorena Villavicencio me preguntó por qué no entraba formalmente a la política. Le dije que estaba muy interesado, y me puso en contacto con Andrés López Beltrán, quien manejaba la operación de Morena en la Ciudad de México.

Cuando nos reunimos, le hablé de mi interés en participar de manera activa en la política y expresé mi simpatía por el proyecto que tenían. También le dije que los contactos y relaciones que tenía podrían ser útiles en el futuro, le conté sobre mi trayectoria como activista social y mi participación como ciudadano en asociaciones y fundaciones. Él me pidió información sobre la zona en la que vivía y el distrito al que pertenecía, y después de hablar un rato me dijo que el primer paso sería pasar por un proceso interno del partido de Morena, donde se decidiría quiénes serían los candidatos para diputados. Era un proceso muy peleado, porque había muchos interesados, pero como siempre, me aventé y me inscribí.

Unos meses después, me informaron que había ganado el proceso interno y que sería candidato a diputado federal por el Distrito 6, que abarcaba las alcaldías de Álvaro Obregón y Magdalena Contreras.

La contienda había empezado. Reconozco y agradezco a Morena por ser incluyente y abrirme las puertas. Nunca me pidieron ser militante, fui candidato ciudadano y así me permitieron participar. Nunca había participado en un proceso político, y fue una experiencia muy interesante, de la que aprendí muchísimo. Llegué a ser diputado por mayoría relativa, y creo que la confianza que la gente puso en mí se debió a mi trabajo, porque me dediqué a recorrer las calles y a tocar puertas. Incluso me acompañó en varias ocasiones Beatriz Gutiérrez Müller, quien apoyó mi candidatura. Conocer mi distrito a pie fue una experiencia muy gratificante, porque pude estar cerca de las personas, platicar abiertamente, escuchar sus problemas y preocupaciones, y empatizar con ellos. Siempre he dicho que no me considero un político, sino un ciudadano haciendo política. Como candidato, siempre fui muy transparente y honesto sobre lo que podría hacer como diputado; quería evitar hacer promesas vacías sólo para acumular votos.

No faltó quien no estuviera de acuerdo con que participara en un partido político como Morena, pues era un momento de bastante división en el país, sobre todo entre mi círculo cercano, que se fragmentaba entre quienes buscaban y creían en el cambio de Andrés Manuel, y quienes querían seguir con la vieja escuela. Sin embargo, los votos hablan por sí mismos: el país estaba listo para algo diferente.

Dejé de hacer campaña cuatro días antes de la elección, tal como lo indica la ley electoral. Mi trabajo ya estaba hecho, y sólo restaba esperar los resultados con muchos nervios y emoción. Mi equipo de trabajo y yo analizábamos las encuestas y poco a poco fueron llegando los resultados y las copias de las actas de cada casilla. De pronto, llegó la noticia: había ganado la elección. Cuando me enteré, sentí una gran responsabilidad y un compromiso para representar a un grupo de ciudadanos que me habían elegido por votación directa. Sabía que el trabajo apenas empezaba, y me preparé a fondo. Estaba y estoy convencido que los candidatos de representación popular deben capacitarse para no llegar en blanco a ocupar su curul.

Una vez que llegué a la Cámara de Diputados, me interesé sobre todo en trabajar activamente en las comisiones de Cultura y Atención de los Derechos de Niños, Niñas y Adolescentes. Estoy convencido que la cultura conlleva derechos que deben alcanzar a toda la población, y así se lo hice saber a Mario Delgado, que era nuestro coordinador de bancada. Le solicité que me diera la oportunidad de participar por la presidencia de la comisión de Cultura.

Al inicio de la legislatura, me invitaron a un parlamento de legisladores de todo el mundo en Washington, D.C., al cual acudí con mi mujer. Estando en Estados Unidos, me enteré de que estaban definiendo la distribución de las comisiones y le habían dado la presidencia de la comisión de Cultura a Encuentro Social, un partido muy conservador, aliado de Morena. Sabía que esa decisión generaría mucha controversia en la comunidad artística. Mi mujer y yo regresamos de inmediato a México y busqué a Mario Delgado para expresarle abiertamente que consideraba que era un error; Morena debía tener la presidencia de la comisión de Cultura porque gran parte de la comunidad artística nos había apoyado durante la campaña y esperaban mucho de nosotros. Él me dijo que las comisiones ya estaban repartidas y que era mejor que buscara otra, que él asumiría cualquier costo político si se generaba molestia entre la comunidad artística.

Me empezaron a contactar asociaciones y colectivos del ámbito artístico para reclamar que el futuro de la cultura estuviera en manos de un partido conservador y decidieron manifestarse tanto en medios de comunicación como en la Cámara de Diputados. Yo tenía contacto y relación con todos, así que me solicitaron ayuda para ingresar a la Cámara y juntos hicimos conferencias de prensa para exponer nuestro punto de vista. Fue una semana muy intensa; reconozco que la comunidad artística generó mucha presión, por lo que el coordinador, que además era presidente de la Junta de Coordinación Política, tuvo que recular y absorber el costo político.

Como la votación para asignar la presidencia de las comisiones ya se había llevado a cabo, los movimientos que se hicieron después molestaron a algunas personas. Erik "el Terrible" Morales había quedado como presidente de la comisión de Deporte, que le pertenecía a Morena. Para corregir el error, Mario Delgado negoció con Encuentro Social e intercambió la comisión de Deporte por la de Cultura. Esto causó un desencuentro con mi coordinador, quien se molestó por la presión mediática que lo obligó a negociar con Encuentro Social. El Terrible Morales también se molestó, pues pensó que era mi culpa que le quitaran la comisión, pero yo no tuve nada que ver con eso; mi intención era tan sólo recuperar la comisión de Cultura. Ernesto D'Alessio quedó como presidente de la comisión de Deporte.

Nadie de Morena había demostrado interés por la comisión de Cultura, pero cuando la regresaron a Morena, hubo nueve diputadas y diputados que levantaron la mano para competir. Así, entramos en una nueva etapa para decidir quién sería el presidente, y eso implicaba convencer al resto de los compañeros para conseguir su voto. Como yo no venía de ningún grupo o corriente política, y no tenía un padrino, sabía que la lucha iba a ser difícil.

Fue un asunto complejo: las comisiones de Cultura y de Salud fueron las últimas en asignarse, y también había que tomar en cuenta el tema de equidad e igualdad de género. Morena tenía dieciséis comisiones, y catorce ya estaban repartidas entre siete hombres y siete mujeres; la comisión de Salud debía ser asignada a un médico, y si quedaba un hombre, yo perdería la oportunidad en la de Cultura. Por fortuna, Juanita Guerra se quedó con la comisión de Salud y yo gané como ciudadano la de Cultura.

En cuanto se corrió la noticia de que sería presidente de la comisión de Cultura, empecé a recibir ataques en los medios de comunicación. El argumento era que le habían dado a un *stripper*, bailarín y cantante la presidencia de la comisión de Cultura; muchos intelectuales intentaron desacreditarme por el simple hecho de haber trabajado en Televisa y producido *Sólo para mujeres*. Así, empecé mi trabajo legislativo con todo en mi contra, porque todo lo que hacía se analizaba con lupa y me descalificaban sin conocerme.

Por primera vez, se habló mucho de la comisión de Cultura, pues en otras legislaturas ni siquiera se mencionaba. Cumplí con mi labor dentro de mis posibilidades, pero la política de austeridad restó a los diputados toda posibilidad de etiquetar, gestionar o asignar recursos; hubo muchos recortes y todo se centralizó en el ejecutivo. Desde mi punto de vista, esto lesionó muchísimo a la cultura en el país. Sin embargo, hice lo mejor posible y logramos un incremento de quinientos millones de pesos para la cultura, a pesar de que la instrucción presidencial era que no se iba a mover ni un centavo.

También intenté que la política pública que presentaba la Secretaría de Cultura tuviera una mejor redistribución del presupuesto, pero a pesar de presentar distintas alternativas, no nos escucharon. Desde ese momento, inicié una relación tensa con la Secretaría de Cultura, pues sentía que no luchaban por la cultura. Aunque propusimos varias maneras de apoyar a diferentes municipios, nos dimos cuenta de que Alejandra Frausto tenía un proyecto de cultura personal. Por ejemplo, después del temblor de 2017, era necesario restaurar muchos edificios. Para ello, la secretaría pidió ochocientos millones de pesos, pero fue evidente que no era suficiente, pues para restaurar un edificio necesitas a personas especializadas del INAH. Era claro que no lo iban a lograr, pero se aferraron al presupuesto inicial y terminaron cayendo en un subejercicio de cultura. Fue muy frustrante ver cómo hubo municipios que se quedaron sin presupuesto.

Le pedimos a Alejandra Frausto una reunión para que explicara los resultados, pero nunca aceptó, así que solicité se presentara a comparecer. Fue una confrontación abierta que ocasionó que muchos de mis compañeros me atacaran y agredieran, pero yo estaba convencido de que era lo correcto; independientemente de ser parte del grupo mayoritario, yo tenía un compromiso apoyar a la comunidad cultural. Pensé que el primer gobierno de izquierda del país apoyaría a la cultura y las artes, pero no fue así. Nunca estuve de acuerdo en desaparecer fideicomisos ni becas que siempre han sido un apoyo indispensable para la cultura en el país.

Los problemas dentro de la Secretaría de Cultura se agudizaron con la pandemia. La gran mayoría de los colectivos pedían apoyo para subsistir, pero les dieron la espalda a todos. Creo que la secretaria sólo buscaba la aprobación del presidente y no le interesaba nada más. Estoy convencido de que el dinero no se asignó de forma correcta. Al final, todos los integrantes de la comisión de Cultura firmamos una reasignación para demostrar que no estábamos de acuerdo, pero nunca nos escucharon. El reclamo de la comunidad artística se fue contra nosotros. La triste realidad es que el poder legislativo desapareció: sólo está ahí para votar a favor de lo que piden. En mi opinión, Alejandra Frausto es lo peor que le ha pasado a la cultura en el país. Ninguno de sus proyectos ha funcionado y ha manejado de manera discrecional el presupuesto; espero que la auditoría superior de la nación le pida cuentas.

Hoy en día, sigo firme en mi compromiso con la sociedad y seguiré apoyando desde la trinchera que me lo permita: como figura pública, ciudadano, activista social o a través de la política. Creo que tengo una obligación ante mi país para mejorarlo en la medida que pueda. Es un motor muy presente en mi vida.

José José y la Luz del Mundo

Una parte inevitable de ser figura pública y que la gente te conozca es estar involucrado en escándalos mediáticos que surgen de malentendidos y malas intenciones. La mayoría de las veces, estos escándalos no tienen ningún fundamento y, en el mejor de los casos, están basados en una distorsión total de los hechos que los reporteros y medios de comunicación utilizan para generar clics. Quiero aprovechar este espacio para aclarar algunas situaciones y acusaciones en mi contra. Creo que es importante poder contar mi versión de los hechos y la realidad detrás de las historias.

Una de las acusaciones más ridículas que han hecho en mi contra es que recibía las regalías de José José, que de alguna manera yo había estafado al Príncipe de la Canción y que había sido mi culpa que hubiera muerto en una situación económica tan difícil. Esto es completamente falso. Tuve el gusto y el honor de conocer al artista desde mi época en Garibaldi, y luego coincidimos en la telenovela *La fea más bella*, en la que interpretó a don Erasmo. En esa telenovela reforzamos y cultivamos la amistad que ya sosteníamos desde hacía varios años. Además, él tenía una relación cercana con mi suegro, Jaime Camil Garza, y coincidimos en varias reuniones familiares. En confianza, el Príncipe nos hablaba sobre las diferencias que tenía con sus hijos y su exesposa Anel, y siempre nos externó lo feliz que lo hacía su relación con Sarita y su hija del mismo nombre.

Cuando su salud se empezó a deteriorar y estaba cada vez más enfermo, mantuvimos el contacto y nos veíamos cada vez que venía a la Ciudad de México. Yo le tenía mucho cariño, pues era un hombre extremadamente generoso y sabio, y siempre me daba los mejores consejos. Sabía que él estaba en una situación económica precaria, por lo que siempre intenté apoyarlo de la manera que podía. En algunas ocasiones, también busqué ayudarlo a generar ingresos extra. Por eso, en alguna ocasión le recomendé que hiciera un canal de YouTube en el que compartiera detalles sobre su vida personal y en familia. Esto ocurrió hace más de veinte años, apenas estaban arrancando las redes sociales y sabía que muchos estarían interesados en contenido de ese tipo, pero se requería de un equipo de video y edición especializado.

En algún momento, me puse en contacto con su hija para que le explicara mi idea del canal de YouTube, pero eso fue lo último que supe del tema. Hasta donde sé, nunca grabó un video, no abrió el canal ni subió contenido. Pero de ahí inventaron la historia de que yo controlaba su canal de YouTube y me quedaba con las regalías mediante una empresa a mi nombre, llamada Morena, de la cual no hay registro de su existencia. Es una absoluta mentira, difamación y calumnia: no existe ningún contrato ni empresa; eso aparecería en el registro público y sería muy fácil de comprobar si fuera cierto. Quienes tienen una mínima noción de la propiedad intelectual saben que los derechos de autor se heredan, mientras que los derechos de interpretación los cobran las disqueras.

José José cobraba sus regalías con sus disqueras y representantes.

Cuando murió, salió a la luz la tensión que había entre sus hijos, José Joel y Marysol, y Sarita mamá e hija. José Joel y Marysol viajaron a Miami para gestionar la repatriación de los restos de su padre, y Anel me llamó para pedir mi apoyo. Yo estuve en comunicación con ella y con su mánager, Laura Núñez, y les pasé toda la información que tenía sobre el proceso. Hablé con Enrique Márquez, director de diplomacia cultural de la Secretaría de Relaciones Exteriores, y le pedí que apoyara a los hijos de José José con los trámites. Él contactó a Jonathan Chait, que en ese momento era cónsul en Miami, quien nos informó que Jorge Reynoso ya había hecho contacto con él y servía de intermediario de José Joel y Marysol. Quiero aclarar que éste es un trato que hubiera recibido cualquiera, pues la repatriación es un derecho con el que nacemos todos los mexicanos, y si bien pudo haber recibido atención más inmediata por ser una figura tan importante, no fue un trato especial.

Por mi amistad con José José, decidí que quería apoyar a su familia y pagué de mi bolsa el avión y hotel para acompañarlos en Miami. Estaba convencido de que merecía un homenaje de cuerpo presente en Bellas Artes, que México quería y necesitaba despedirse de su estrella. Cuando llegué a Miami, habían programado una misa de cuerpo presente en un teatro. El cónsul me saludó y me explicó que estaban lidiando con algunos problemas porque los hermanos estaban teniendo confrontaciones. El cuerpo estaba en la funeraria Caballero Rivero, a la espera del certificado de defunción del hospital, porque para salir de Estados Unidos primero se debía hacer una autopsia para determinar la causa de muerte. Ahí, los medios inventaron que lo querían cremar para ocultar que había sido envenenado. Los medios se pusieron en contra de las dos Saritas porque no quisieron dar entrevistas, y por eso replicaron el rumor del envenenamiento.

Sarita mamá e hija me recibieron en su casa. Les di mi más sentido pésame y les comuniqué que tanto yo como mi suegro estábamos para apoyarlas. Mi suegro incluso fue el primero que ofreció su avión para trasladar el cuerpo a México para que se le rindiera un gran homenaje. En honor al cariño que le tengo a José José, yo le propuse a Sarita trasladar el cuerpo de su padre a México y apoyarla en el futuro de su carrera artística. Pensé que, impulsada por el deseo del éxito, aceptaría mi propuesta. Sarita hija se quedó callada, me miró con ojos llenos de lágrimas y me dijo que estaba muy agradecida por el apoyo, pero que la última voluntad de su papá había sido que lo cremaran en Estados Unidos, porque siempre quiso terminar allá. Por último, me dijo: "Yo no puedo traicionar la última voluntad de Papá".

La entendí y la respeté, y le avisé al cónsul que el cuerpo no iba a viajar y se repatriarían las cenizas. Él se puso en contacto con José Joel y Marysol para acordar la fecha de la cremación. Los hermanos, a pesar de tener un acuerdo firmado con el cónsul, en el que se detallaba el proceso de cremación, las fechas de traslado y se acordaba respeto, dijeron ante los medios que iban a detener la cremación. Se molestaron mucho conmigo por haber ido a ver a Sarita, porque lo consideraron una traición, y empezaron a decir que yo no los había apoyado.

A pesar de que había una acta de defunción emitida por el Homestad Baptist Hospital, que certificaba la muerte por causas naturales de José José, José Joel y Marysol querían continuar con el circo mediático y detener la cremación para volver a analizar los restos de su padre para comprobar que había sido envenenado. Esta contradicción molestó al representante de Relaciones Exteriores y al cónsul; ambos les pidieron respetar el acuerdo previo y les hicieron saber que, si no lo hacían, se deslindaban de los trámites y apoyos: tendrían que hacer todo solos. Reconsideraron y aceptaron la cremación. Finalmente, gracias al apoyo de Marcelo Ebrard, a través de la Secretaría de Relaciones Exteriores se consiguió un avión de la Fuerza Armada para trasladar las cenizas. Dentro de las gestiones, tuve la oportunidad de apoyar coordinando el viaje de los familiares y los periodistas que cubrirían de manera especial la partida de un grande. Ésa es la verdadera historia, y me apena mucho que hoy digan que no hice nada para apoyarlos. Mi intención siempre fue ayudar y expresar el respeto y reconocimiento que merecía su padre, por el gran artista, hombre y ser humano que fue.

Pero, como ya dije, ser figura pública frecuentemente te pone en el ojo del huracán, y por razones que nunca entenderé hay quienes inventan historias para sacar provecho. Esto se acrecentó cuando empecé mi labor como diputado, y hasta me acusaron de estar involucrado en un grupo religioso que ni siquiera conocía.

Como diputado y presidente de la comisión de Cultura, me invitaban a muchos eventos, conciertos, exposiciones en museos y galerías, obras de teatro y más. En 2019, recibí una invitación para un concierto que se llevaría a cabo en el Palacio de Bellas Artes el 15 de mayo. La invitación me llegó a través de Emmanuel Reyes, que en la actual legislatura preside la comisión de Salud en la Cámara de Diputados. El programa del evento mencionaba la presentación de una ópera llamada *El guardián del espejo*; la música sería interpretada por la orquesta sinfónica de la Marina Armada de México. En ningún lugar se mencionaba que se tratara del cumpleaños de alguien o que el evento fuera en honor a alguna persona.

Realizar un evento en Bellas Artes es muy complicado, pues son muy estrictos sobre las regulaciones y requisitos para otorgar el permiso para utilizar el recinto; nada puede suceder ahí sin la autorización de Alejandra Frausto, titular del INBA y de la Secretaría de Cultura.

Acepté la invitación, aparté la fecha y acudí con Issabela. Nos asignaron un palco que veía el escenario de frente del lado derecho, junto a otros invitados. El concierto inició con música bellísima, con grandes músicos e intérpretes. Poco antes del intermedio, comenzó a caer una tormenta tan fuerte que se escuchaba en el interior del recinto. Durante el intermedio, salimos a los pasillos y platicamos con otros asistentes, políticos, empresarios y amigos que nos encontramos. Mientras esperábamos el reinicio del concierto, escuchamos unos gritos del exterior, como si hubiera una manifestación. Nos llamó la atención, pues se escuchaba por encima de la tormenta y se notaba que había muchísima gente afuera.

Nos acercamos a un balcón que daba a la avenida Juárez, donde estaban varias personalidades, entre ellas, el senador Ismael Zamora, organizador del evento, también se encontraba Martí Batres, quien era presidente de la Mesa Directiva del Senado de la República. Zamora nos presentó al pastor Joaquín Nasson; hasta ese momento, yo no sabía quién era él ni qué era el movimiento la Luz del Mundo, no conocía su fuerza ni su importancia política y religiosa. Nos tomamos fotos y me asomé por el balcón para ver a las más de tres mil personas que intentaban saludar al pastor. Nunca había visto tanto fanatismo por una persona y me pareció interesante, así que, sin saber muy bien lo que hacía, saqué mi celular y transmití en vivo lo que estaba viendo: "Aquí está toda la gente de la Luz del Mundo que viene a saludar a su pastor."

Unos segundos después, dieron la llamada para el segundo acto y regresamos al interior del teatro. Vi que el pastor que acababa de conocer estaba sentado en el centro del segundo piso, pero en ningún momento se mencionó su nombre ni se dijo que se trataba de un homenaje. Poco antes de que terminara el concierto, entraron al balcón para invitarnos a una cena en el Casino Español. Issabela y yo aceptamos.

Cuando llegamos a la cena, vimos que de nuevo el primer piso estaba lleno de seguidores de Joaquín Nasson. Nos llamó la atención el atuendo de las mujeres: todas cubiertas hasta los tobillos, con bolsas muy caras, de marca. En el segundo piso, las mesas estaban acomodadas en forma de herradura y Joaquín Nasson estaba sentado a la cabecera, en una silla muy decorada, como si fuera un trono. Su esposa estaba al lado derecho, y estaba rodeado de mujeres de todas las edades. Yo no entendía si eran hijas, familiares o acompañantes. Issabela y yo lo saludamos, nos presentó a su esposa y nos agradeció por acompañarlo. En la cena, nos sentamos con el diputado Emmanuel Reyes, quien nos dio su punto de vista acerca de la Luz del Mundo y por qué querían tanto a su pastor. Yo estaba intrigado por la reverencia y fanatismo que demostraban sus seguidores y le hice muchas preguntas.

Al término de la cena, el diputado Reyes le entregó un reconocimiento de parte de la Cámara de Diputados, una placa donde venían los nombres de varios diputados, una práctica muy común. Después, el pastor se puso de pie y todos se pararon y se quedaron en sus mesas mientras él se dirigía hacia la salida. Afuera, lo esperaba un Mercedes 500 blindado y diez escoltas.

Tiempo después, volví a coincidir con Martí Batres e intercambiamos comentarios acerca de nuestro desconocimiento sobre el personaje y el extraño evento.

Sin embargo, debido a la foto que nos tomamos y a mi transmisión en Bellas Artes, empezaron a inventar historias absurdas, como que era seguidor de Joaquín Nasson y que había organizado el evento para él como presidente de la comisión de Cultura. Yo no supe de su existencia hasta ese momento y nunca volví a tener ningún tipo de contacto con él; como diputado, ni siquiera tenía el poder de autorizar ningún tipo de evento en Bellas Artes. Aunque siempre he sido muy respetuoso de la pluralidad de las ideas y he conocido a muchos líderes religiosos y políticos, ni tenía ni tengo ninguna afiliación con la Luz del Mundo.

Poco después del acontecimiento, Joaquín Nasson fue detenido en Estados Unidos, acusado de abuso de menores, y volvieron a salir ataques en mi contra. Yo siempre he luchado por los derechos de las niñas, niños y adolescentes, y me he pronunciado en varias ocasiones sobre la gravedad del abuso hacia menores.

Mientras escribía este libro, condenaron a Nasson a dieciséis años en prisión, y después salió a la luz que en México había muchas acusaciones en su contra, pero el Estado hizo caso omiso por la gran influencia política que ejercía el líder. Para mí, es importante que sepan que nunca tuve una relación con él, que quienes me han acusado lo han hecho sin pruebas y sin consideración por la verdad.

Más allá del hecho de que yo no tenía nada que ver con la Luz del Mundo, me molestó que me relacionaran con alguien que fue sentenciado por la justicia de Estados Unidos por abuso de menores, pues es un tema que siempre me ha preocupado y por el que he luchado. Desde que fui vocero de los niños en el Senado de la República, siempre he apoyado y cuidado la integridad de los menores de edad. Por ello, se me han acercado víctimas de delitos relacionados con abusos y maltrato infantil.

Uno de los casos que llegó a mí fue el de Ricardo "N", quien en algún momento fue parte de *Sólo para mujeres* y formó parte de Caballeros Cantan, junto con Ciao, Agustín Arana, Manuel Landeta y Lissano Guarinos. Él fue acusado de abuso por su hija, Valentina, que era menor de edad. Hablé con Valentina y su mamá, y me enseñaron los elementos suficientes para demostrar que era verdad, así que las ayudé a contactar a un abogado que las pudiera apoyar.

Cuando detuvieron a Ricardo, varios amigos y conocidos del medio me llamaron para ver si podía hacer algo por él. Les pedí a los integrantes de Caballeros Cantan que se mantuvieran al margen, pues, aunque fuera su compañero, no podíamos tolerar este tipo de actos. Corté cualquier tipo de relación o amistad con él, pues estoy convencido de que siempre debemos escuchar a la víctima y creer en su testimonio, ya que se requiere de mucho valor para atreverse a decir la verdad sobre una situación como ésta. Mientras escribía este libro, las autoridades encontraron culpable a Ricardo y lo condenaron a diecinueve años de prisión.

Alexa, la hija de Ginny Hoffmann, se enteró que apoyé a Valentina y me buscó. Ella también acusó a su padre de acoso y me compartió que se sentía muy sola en el proceso y no sabía qué hacer. El caso se había vuelto muy mediático y ella estaba sufriendo una revictimización, acoso y burlas. El abogado que llevó su caso por ocho meses sólo les había pedido dinero sin lograr ningún avance ni respuesta favorable.

Les recomendé a la abogada Olivia Rubio, que llevó el caso de Valentina, una gran activista en pro de los derechos humanos y de la mujer, quien aceptó llevar el caso *pro bono*, es decir, no les cobraría un peso. La primera recomendación de Olivia fue solicitar ante la Procuraduría de la Ciudad de México que se diera de baja al abogado anterior, para que ella pudiera retomar el caso legalmente.

Acompañé a Alexa a hacer los trámites para ratificar la denuncia y estar con ella en este proceso me hizo caer en cuenta de lo indefensas que se encuentran las víctimas, porque constantemente se favorece a los hombres y el sistema judicial las vulnera y las revictimiza al cuestionarlas. Las hacen comparecer entre ocho y doce horas, y les hacen las mismas preguntas una y otra vez. La denuncia por un delito sexual es un viacrucis.

El padre de Alexa, Héctor "N", realizó una gira de medios para dar su versión, contraria al testimonio de su hija. Comentó que a Alexa la había manipulado su madre, que las dos estaban locas, que no era cierto porque no lo habían demandado antes, que les debían hacer exámenes psicológicos, y muchas otras cosas. Fue muy complicado para ellas, pero les pedí que se mantuvieran al margen de los medios mientras se integraba la carpeta.

Tras seis meses de presentar evidencias, la abogada Olivia me llamó para decirme que el imputado ya había sido detenido. En el momento que me confirmó su detención, subí la noticia a un chat de reporteros. Como fui el primero en enterarme y comunicarlo, empezaron a especular sobre la razón por la que yo había obtenido la información antes y, como siempre, inventaron muchas historias. La razón es simple: la abogada me avisó porque es una profesional que está al pendiente de los hechos y del caso de su cliente.

El abogado que había llevado el caso en un inicio, de apellido Beceiro, ni siquiera se había enterado de que había sido revocado del caso. En una entrevista en *Primera mano*, dijo que era imposible que hubieran detenido a Héctor en menos de ocho días cuando él no había encontrado elementos y me acusó de tráfico de influencias; no mencionó que él ya tenía más de siete meses fuera del caso.

Ahí nació el mito de que utilicé un supuesto tráfico de influencias; como las mantuve lejos de los medios, dijeron que había una doble carpeta, lo que es totalmente falso. Intentaron desviar la atención diciendo que por mi influencia en el Ministerio Público y la policía de investigación había una persona inocente en la cárcel, con lo que se victimizaba al agresor. En realidad, lo único que yo hice fue ponerlas en contacto con Olivia Rubio y apoyarlas en el proceso. Tanto Héctor como Beceiro interpusieron demandas en mi contra por tráfico de influencias. Ambas rechazadas por la fiscalía. Recientemente, Héctor Parra ha sido encontrado culpable y sentenciado por corrupción de menores.

A lo largo de los años, han inventado muchas historias sobre mí: que ejercí tráfico de influencias, que manipulé a una familia y robé su patrimonio, que tenía alguna relación con un líder religioso... Las historias podrían seguir. Me siento tranquilo porque sé que nada de esto es verdad, y siempre he sido fiel a mi compromiso de hacer lo posible para ayudar a los demás y actuar de acuerdo con los valores que me inculcaron mis padres desde niño. Pero quizá la acusación más grave que me han hecho es en relación con Edgar Valdez, conocido como "la Barbie". Y esto merece un capítulo aparte.

La Barbie. Historia de un narco

En 2007 tuve el honor de producir, junto a Alexis Ayala y Rodolfo de Anda (qepd), la serie *El Pantera*. En ella se trataban por primera vez de forma abierta temas como el narcotráfico, el crimen organizado y su relación y contubernio con el gobierno federal, el poder Ejecutivo y el ejército. Era totalmente distinta a lo que por lo general se veía en Televisa. La serie fue un éxito, tuvo una excelente respuesta del público y siempre se mantuvo entre los primeros lugares de *rating*.

Después de la tercera temporada al aire, la televisora decidió terminar la transmisión. No sabemos si fue autocensura o si tuvieron alguna orden del gobierno federal; el hecho es que decidieron no continuar, a pesar del enorme éxito que había tenido.

Siempre me ha apasionado contar grandes historias, así que de inmediato me puse a buscar alguna que me estimulara como productor y creador, una trama novedosa que le agradara al público para producirla y transmitirla. Y debo confesar que me atraían en particular las historias sobre el crimen organizado. Me parece fascinante escuchar cómo operan esta clase de organizaciones con total impunidad y, muchas veces, en complicidad con autoridades. Mi película favorita es *El padrino*, basada en el libro homónimo de Mario Puzo. La trilogía es una obra maestra, dirigida magistralmente por Francis

Ford Coppola, producida por Albert Ruddy y con actuaciones impecables de Al Pacino, Marlon Brando y James Caan, entre otros. Otra película que me encanta es *Goodfellas*, de Martin Scorsese, también sobre la mafia italiana. Soñaba con encontrar una historia tan compleja y sofisticada como ésta para poderla producir.

En esa época, estaban muy de moda las series y películas sobre narcotraficantes colombianos. En 2008 se estrenó *El Cartel de los Sapos* a través de otra cadena hispana en tele abierta. Fue tan exitosa que hicieron una película basada en la serie. La trama de ambas era sobre hechos reales descritos en un libro homónimo de Andrés López López.

El autor, apodado "la Florecita", era un narcotraficante que había formado parte del cartel de Cali y escribió el libro mientras purgaba una sentencia en la cárcel. *El Cartel de los Sapos* no era una historia inventada, sino el relato de eventos reales, narrados por alguien que había participado en ellos. El éxito de la serie y la película me llamaban mucho la atención. Me parecía increíble que pudiéramos conocer una historia tan fuerte directamente de alguien como la Florecita, y no desde la perspectiva de un periodista o historiador. Estos testimonios nos demuestran una cara de la historia que muchas veces no vemos. Quería encontrar una historia así.

Un día en Acapulco me reuní con Charly, de Garibaldi, en el Baby'O. La estábamos pasando bien, como siempre, relajándonos con unos tragos y buena música. De pronto, un mesero se acercó a mi mesa y me dijo que un cliente me mandaba, con mucho cariño y respeto, una botella de champaña y quería saber si podía sentarse un rato conmigo para tomar una copa. Esto no me pareció raro, pues desde que estuve en

Garibaldi mucha gente me mandaba detalles —una botella, una copa— para poder saludarme y tomarse una foto conmigo. Siempre he disfrutado de estos encuentros con quienes aprecian mi trabajo, y pensé que se trataría de algún admirador como los que había conocido antes.

Se acercaron tres hombres y se sentaron a la mesa. Uno de ellos era un hombre blanco, con aspecto de gringo y un acento muy raro, como entre norteño y americano. Le agradecí por la botella y empezamos a conversar. Entre el ruido de la música a todo volumen y su acento extraño, era muy difícil entender lo que decía. Yo no le di mucha importancia, pero Charly estuvo un rato hablando con él. Pasó media hora y se despidieron. Charly me dijo que el hombre era conocido porque era uno de los *dealers* de Acapulco. Ése fue mi primer encuentro con Édgar Valdez Villarreal, la Barbie. En ese momento, todavía no tenía la fama ni el poder que llegó a tener después.

Pasaron los meses y la influencia y poder de ese hombre empezó a crecer, hasta que comenzó a salir en los periódicos. Ahí fue cuando lo reconocí y me di cuenta de que se me había presentado una gran oportunidad. Llamé a Charly y le pregunté si todavía hablaba con ese personaje. En ese entonces, Charly tenía un antro en la Ciudad de México, y me dijo que sí, que Édgar Valdez de vez en cuando iba a su antro. Le pedí que me lo presentara.

Sé que esto puede sonar raro para algunos de ustedes, ¿por qué quería conocer a un narcotraficante, a un hombre tan peligroso? Pero quienes están en el medio artístico me entenderán: cualquier buen productor, escritor o reportero comprende el valor de una historia de este tipo, contada por un personaje de ese calibre. Quería conocer más a la

Barbie para convencerlo de que me diera los derechos de su historia.

Un día por la mañana sonó el chirrido particular de los radios Nextel, que se usaban mucho en esos años. Contesté y me respondió una voz de hombre: "Buenas tardes. El Patrón quiere hablar con usted". No sabía de quién me estaban hablando, pero acepté que me comunicaran con él. De pronto, escuché ese acento que habría reconocido en cualquier parte: "¿Qué pasó? Me dijo Charly que querías platicar conmigo". Entendí de quién se trataba.

Sentí que un golpe de adrenalina atravesaba todo mi cuerpo, mi corazón se aceleró y me faltó el aliento al saber que estaba hablando con una de las personas más buscadas y peligrosas en ese momento. Fue una combinación de morbo, miedo y expectativa que nunca he vuelto a sentir. Le expliqué que me interesaba mucho su historia, que se la quería contar al mundo y que quería que habláramos sobre la posibilidad de que me cediera o vendiera los derechos de sus memorias. Me respondió que me buscaría después para ponernos de acuerdo y me colgó.

Pasaron meses y me olvidé de la llamada. Un día, volví recibir una llamada por la radio. Un hombre me dijo que hablaba de parte del Patrón, que quería reunirse conmigo. Esta vez, supe desde el principio de quién estábamos hablando. Acordamos que pasarían por mí al día siguiente en la iglesia de la Covadonga, en Lomas de Chapultepec. Debía ir solo.

Al día siguiente, llegué puntualmente a la reunión. Estacioné mi coche, un poco nervioso, y me bajé a esperar. Pasaron unos minutos antes de que llegara una camioneta vieja tipo Combi, como una pecera, de la que descendieron dos hombres.

Se acercaron a mí, me dijeron que venían de parte del Patrón, me pidieron que les entregara mi radio y me subieron a la camioneta. El interior de la camioneta era claustrofóbico. Todas las ventanas estaban cubiertas de madera, metal y cortinas, de manera que no se podía ver absolutamente nada hacia fuera. Sentí como si estuviera en un ataúd enorme, ni siquiera podía ver la parte del frente de la camioneta. De pronto, arrancamos y empezamos a circular.

Los minutos transcurrieron lentamente. Perdí la noción del tiempo; ya no sabía si llevaba ahí diez minutos o dos horas. Era evidente que la camioneta estaba tapada justo para desorientar a quien se subiera, que no supiera dónde estaba, adónde iba o quién iba manejando. Cuanto más pasaba el tiempo, más nervioso me ponía, más pensaba en todo lo que podía salir mal en ese momento. ¿Qué había estado pensando? ¿Por qué carajos había aceptado que me subieran a esa camioneta? Nadie de mi familia ni amigos sabía dónde estaba ni a quién se suponía que iba a ver. Caí en cuenta de que muy probablemente habían utilizado esta misma camioneta, toda tapada, para los famosos levantones, quizás hasta habían transportado un cuerpo aquí. El tiempo pasaba y mi paranoia iba creciendo. Sentía que el corazón se me salía del pecho, mis manos se llenaron de sudor frío, no podía respirar. Me imaginé lo peor, que me iban a secuestrar, que nunca volvería a ver a mi familia, que me iban a matar. Pensé en lo idiota que había sido al aceptar subirme a este coche, que la ambición me había nublado absolutamente todo el sentido común. Me pasaban mil cosas por la cabeza al mismo tiempo y cada vez era más difícil respirar. Puse en riesgo mi integridad y mi vida sin saber en realidad cuál era mi destino ni adónde iba.

La presión que sentía en el pecho se hacía cada vez más intensa y sentí que me quedaba sin aire.

De pronto, la camioneta se detuvo. Mi corazón se aceleró todavía más. Me preparé para reaccionar cuando abrieran la puerta. Los segundos se me hicieron eternos. Uno de los hombres abrió la puerta y me dijo: "Se complicaron las cosas, el Patrón no lo puede ver hoy". No sé si en verdad hubo alguna complicación, si estaban probando para ver si alguien me seguía, si querían cerciorarse de que en verdad estaba interesado, o algo más. Me entregaron la radio, me bajaron en una calle en Huixquilucan, y la camioneta se fue.

Tardé unos segundos en reaccionar, en darme cuenta de que estaba vivo y era libre. Me tiré al suelo y casi me puse a llorar. No sé cuánto tiempo estuve ahí, a un lado de la carretera, como un loco, recuperando la respiración. Por fin, reuní la fuerza para ponerme de pie y pedir un taxi para volver adonde estaba mi camioneta y regresar a casa. Llegué y abracé a mi esposa y mis hijas como si no las hubiera visto en mucho tiempo. Mi esposa me preguntó, extrañada: "¿Qué te pasa, Sergio? ¿Todo bien?". "Todo bien, mi amor, sólo estoy muy cansado". Me encerré en mi recámara y no salí hasta el día siguiente. Me sentía exhausto, como si me hubiera atropellado un camión. Sentía un alivio enorme, pero no podía dejar de sentirme decepcionado al mismo tiempo, porque no había hablado con él. Después de ese día, decidí que no me iba a volver a arriesgar por esa historia. El morbo y la ambición me habían ganado, pero no había medido el riesgo que implicaba para mí y para toda mi familia. No volvieron a llamarme.

Pasaron los meses y perdí por completo el interés por esa historia. Estaba en Cancún de vacaciones con mi esposa, mis hijas y mis suegros, caminando por la famosa Quinta Avenida de Playa del Carmen, cuando de pronto sentí una patadita en las nalgas. Me di media vuelta y me di cuenta de que era Édgar Valdez quien me había golpeado y caminaba cargando a su hijo de dos años sobre sus hombros. Estaba vestido con shorts a media nalga, huaraches y una camiseta que parecía de *spring breaker*. A su lado caminaba una chica joven, guapa, de tipo estadunidense, igual que él. Parecían una familia turista como cualquier otra, no traían guaruras ni noté que llevara un arma.

Me detuve a saludarlo y mi familia siguió caminando, pues es común que me saluden personas en la calle, y yo siempre me tomo el tiempo para platicar un poco. Pensaron que era un conocido o algún fan que quería tomarse una foto conmigo. Me saludó con familiaridad y me invitó a que esa misma noche tomáramos una copa en un bar para que pudiéramos platicar. Me di cuenta de que estaba en un plan familiar y eso me dio confianza; me volvieron a ganar la ambición, el morbo y las ganas de contar su historia. Pensé que si me lo había encontrado así era por algo. Regresaron la adrenalina y la emoción, pero una parte de mí también sintió miedo de rechazar la invitación, pues no sabía cómo podía reaccionar. Acordamos vernos en la noche con nuestras parejas en un antro que yo conocía.

Le pedí a Issabela que me acompañara a saludar a un amigo por la noche, pero no le conté la historia completa ni le dije de quién se trataba. Al día siguiente iríamos temprano en un *tour* para ver las ballenas, así que aceptó con la condición de que fuéramos sólo un rato y regresáramos temprano a casa. Mi mujer y yo llegamos a la cita y encontramos a la Barbie y a su pareja sentados con otro hombre. Para mi sorpresa, estaba seguro de haber visto su cara en otra parte. Cuando nos acercamos, el hombre me saludó como si nos conociéramos, con una sonrisa burlona, y me dijo: "Casi se te caen los calzones aquella vez". De pronto, me cayó el clic:

Durante una época, hacía ejercicio en el Sport City de Loreto. Entre algunos socios y entrenadores corría el rumor de que una persona que siempre llegaba en distintos autos de lujo —de marcas Ferrari, Lamborghini y demás— se dedicaba a actividades ilícitas. Un día, mientras hacía ejercicio, vi en una de las caminadoras a una chica rubia, guapa, con tremendo cuerpazo. Todas las máquinas a su alrededor estaban solas.

Uno de los entrenadores, con ganas de fregar, se acercó y me dijo: "Vas, güey, a ver si es cierto que muy picudo". En mi afán de lucirme y quedar bien, como buen macho mexicano mamón, me subí a la caminadora al lado de la chica, le sonreí y le pregunté cómo se prendía. Ella no respondió, sólo se me quedó viendo, nerviosa. A los dos segundos, escuché una voz ronca detrás de mí: "¿Qué pasó, cabrón? ¿Se te ofrece algo?". Era un tipo que estaba en la caminadora de atrás, altísimo y robusto, con piel oscura, cabello lacio y ojos medio rasgados. Se me quedó viendo fijamente y me puse muy nervioso. "A chingar a tu madre", me gritó.

Me bajé de la caminadora humillado, pues todo el gimnasio había escuchado, dado que el lugar estaba en silencio. Todos me estaban viendo.

Después, uno de los entrenadores me dijo que ése era el tipo del que tantos rumores había. Y ése fue el hombre que me encontré años después, sentado con la Barbie en un bar de Cancún. Me dijo que era su socio, y tiempo después me enteré de que su nombre era Gerardo Álvarez Vázquez, el Indio. Estos personajes conviven con nosotros en los gimnasios, en antros, restaurantes; nos cruzamos con ellos en los supermercados; sus hijos van a la escuela con nuestros hijos. Nos damos cuenta hasta que aparecen esposados en los noticieros.

Así, nos sentamos a la mesa mi esposa, la Barbie, su pareja, el Indio y yo. Para cualquiera, parecíamos un grupo de amigos reunidos en vacaciones. En las dos ocasiones que lo vi, nunca me percaté de que tuviera escoltas ni armas. Parecía casi un tipo normal. Empezamos a conversar. Mi esposa y su pareja hablaban por un lado mientras los hombres hablábamos sobre el mundo artístico, algo que claramente le parecía fascinante a la Barbie.

Finalmente, la Barbie me preguntó cuál era mi idea. Le expliqué que lo que quería es que me cediera los derechos de sus memorias para poder hacer una serie de televisión en la que pudiera plasmar su historia de vida. Le dije que desde mi punto de vista y experiencia como productor, era muy interesante contar con una historia como la suya. No me dio una respuesta concreta, me empezó a platicar algunas cosas que le parecía que serían interesantes de contar, pero me quedó claro que él estaba interesado en que se hiciera una película.

Me preguntó cuánto le costaría producir la serie, pero le expliqué que lo único que quería eran los derechos sobre su historia, no quería ningún centavo de su parte. Para mí, lo valioso era una historia real narrada por un verdadero protagonista. Intenté entablar una conversación seria con él para ver cuál era la posibilidad y el interés de que hiciéramos algo, pero siempre me respondía con chistes o de manera evasiva, y muy pronto me di cuenta de que no estaba tomando mi propuesta en serio.

Después de hablar por un rato, mi mujer y yo nos despedimos temprano, pues al día siguiente iríamos a Holbox con mis suegros y mis hijas. Él insistió en que su chofer nos llevaría a casa. Unas cuadras más adelante, le pedí a la persona que manejaba que nos dejara ahí. Le dije que no quería causar molestia y que no era necesario que nos llevara, pero la verdad es que no quería que supiera dónde nos estábamos hospedando. El hombre se puso muy nervioso, me dijo que tenía órdenes de su jefe y que no debía hacer algo diferente: "Me va a regañar mi jefe, me ordenó que los llevara hasta su casa". Lo convencí diciéndole que yo hablaría con él y que no habría problemas. Luego supe que en realidad eso no hacía diferencia, pues estas personas controlan todo y pueden averiguar dónde te hospedas en un segundo.

Cuando llegamos a casa, mi mujer me pidió que le dijera con quiénes habíamos estado. Cuando estábamos en el bar, ella y la acompañante de la Barbie, una mujer muy joven, habían ido juntas al baño. Ahí, Issabela había notado la bolsa de marca muy cara de la mujer, y al sacar su maquillaje, había sacado también fajos de dinero. Ella sabía que no se trataba de cualquier amigo mío, y me enfrentó. Le conté de qué se trataba y por qué estaba ahí, y finalmente le platiqué toda la historia, incluyendo la ocasión en que se suponía que me iba a reunir con él, pero había pasado el tiempo encerrado en una camioneta. Issabela se molestó conmigo por haberle ocultado las cosas y tuvimos una discusión muy larga.

Nunca volví a saber de él. Éstas fueron las únicas dos ocasiones en las que estuve frente a Édgar Valdez Villarreal: cuando se presentó conmigo en el Baby'O de Acapulco y cuando fuimos a un bar en Cancún. Varios meses después, la Barbie y el Indio fueron detenidos por las autoridades.

Hay quienes me acusan de tener vínculos con el narco a raíz de estas dos reuniones, dos momentos aislados en los que estuve con él con un único objetivo: conseguir los derechos de las memorias de su vida, algo que cualquier periodista, productor o escritor serio habría hecho. La periodista Anabel Hernández publicó su libro *Los señores del narco*, en el que me acusa de tener vínculos con el narcotráfico. Debo reconocer que ha hecho un gran trabajo como periodista e historiadora a lo largo de su carrera, pero esto no la hace dueña de la verdad. La periodista hace referencia a la carpeta de investigación PGR/SIEDO/UEITA/168/200, en la que aparece mi nombre de pasada, entre más de sesenta actores y políticos que conocieron o coincidieron con la Barbie en algún lugar o evento. El hecho de que aparezca mi nombre en una carpeta no prueba absolutamente nada y no quiere decir que exista una investigación en mi contra. Esta información está a disposición del público y las autoridades. Quiero aprovechar este espacio para desmentir cualquier rumor respecto a este tema. La periodista alega, sin prueba alguna, que yo produje la película de la vida de la Barbie y recibí dinero de su parte. Esto es falso. Cuando fue detenido, durante una entrevista que le hicieron las autoridades le preguntaron sobre la supuesta película de su vida y si yo la había producido. Él se rio y lo negó ante las cámaras.

En este momento, la Barbie ya estaba en custodia de las autoridades y estaba soltando nombres de sus asociados, compadres, amigos y cómplices, pero nunca mencionó mi nombre porque no había nada que decir al respecto. No sé quién inventó el mito de que yo hice la película; nadie sabe si esa película existe siquiera, ni cuándo o quién la hizo.

Reitero que si se me presentara la oportunidad de tener acceso a los derechos de su historia, no dudaría en hacerlo: un relato narrado con memorias de viva voz con un personaje como él sería invaluable. Si él hubiera accedido a que yo produjera una serie o película sobre su vida, por supuesto que lo habría hecho, pero siempre dentro del marco de la ley. Quienes trabajamos en el medio debemos dar y recibir facturas, contratar gente, rentar equipo, pagar producción y posproducción y, sobre todo, pagar impuestos. *Follow the money*, no hay absolutamente nada que indique que yo haya participado en una película así.

Quizás existan personas que consideren que es moralmente incorrecto querer los derechos de la vida de un personaje como él, un delincuente y una persona extremadamente violenta, pero esto no es ilegal. Yo creo que hay un valor en saber la realidad de estas historias de vida.

Las acusaciones y los rumores crecieron de tal manera que sentí que debía tomar cartas en el asunto para proteger a mi familia. Le pedí consejo a Joaquín López-Dóriga para que me orientara y me dijera con quién me podía dirigir para saber si había algún tipo de averiguación en mi contra. Me dio el teléfono de Irving Barrios Mojica, titular de la Unidad Especializada en Investigación de Operaciones con Recursos de Procedencia Ilícita, en la Subprocuraduría de Investigación Especializada en Delincuencia Organizada. Concerté una cita con él.

Me recibió en sus oficinas y le expresé mi preocupación por todo lo que estaba sucediendo gracias a las acusaciones que hacía la periodista en su libro. Le pregunté si había alguna averiguación en mi contra y le comuniqué que, de ser así, me pondría a disposición de las autoridades. Me dijo que podía estar tranquilo, que si bien en el expediente se mencionaba mi nombre, no había ninguna carpeta de investigación sobre mí. Con ganas de poder demostrárselo al mundo, le solicité algún documento que acreditara lo que me había dicho. Se rio y me respondió que cualquiera entendería que si yo salía de su oficina sin ser detenido, era porque no existía nada en mi contra.

Ésa es la realidad: después de tantos años de la detención de la Barbie, de que un supuesto testigo protegido me acusara en ese libro, no existe una carpeta de investigación en mi contra porque no hay ningún delito que investigar.

Todo lo que cuento en este capítulo sucedió hace más de quince años. Nunca volví a reunirme o tener contacto con él o con sus asociados. Nunca ha habido una investigación en mi contra. Mi involucramiento no va más allá de una acusación hecha con el afán de vender libros a costa de mi reputación, sin aportar pruebas. Yo mismo he dicho que sí me reuní con la Barbie, pero con el fin puntual de obtener los derechos de sus memorias y nada más. Las dos veces que nos vimos fue en lugares públicos, y nunca recibí dinero o recursos de su parte.

Anabel Hernández también se ha relacionado con personas vinculadas al crimen organizado en el contexto de su trabajo, por ejemplo, en la entrevista que le hizo a Caro Quintero. Estas personas no te citan en un lugar público, sino que te recogen y te llevan a un hotel, te alimentan y te dan transporte por unos días hasta que te reciben para realizar la entrevista. Creo que lo que logró con Caro Quintero demuestra su gran habilidad como periodista, pero no la hace diferente a mí. Pasamos por situaciones paralelas, ella como periodista, yo como productor, y ambos buscamos el mismo objetivo: contarle la verdad al mundo. No somos diferentes.

Las acusaciones en mi contra son una muestra del poco profesionalismo y ética periodística. Anabel Hernández lucra con mi nombre y pone en riesgo la integridad y seguridad de mi familia. Asegura usar testimonios de dudosa credibilidad, de personas que formaron parte de organizaciones criminales, sin calidad moral, y parece creer que su palabra vale más que la mía. Ella sabe que la calumnia y la difamación no están tipificadas en el código penal, y se escuda en la supuesta libertad de expresión para acusar sin pruebas o evidencias. Además, nunca intentó hablar conmigo para corroborar lo que supuestamente le contaron, nunca recibí una llamada, un mensaje o un correo electrónico para conocer mi versión de los hechos.

Escribo esto para que el público sepa la verdad. No tengo absolutamente nada que esconder. Sí me reuní con la Barbie un par de veces, pero nunca hice negocios con él ni participé en la producción de una película sobre su vida. Es importante que quienes acusan a otros de este tipo de cosas se tomen en serio lo que hacen y midan las consecuencias de sus acciones. Invito a Anabel Hernández a compartir con las autoridades cualquier información importante, dado que alega tener muchísima, pues no compartirla la convertiría en cómplice. Sé que no he hecho nada malo y por esta razón no hay ninguna investigación en mi contra, y por eso siempre estaré dispuesto a dar la cara y colaborar en lo que sea necesario.

Sin miedo al éxito

Escribir estas páginas me ha permitido reflexionar sobre los errores y aciertos que he tenido hasta este momento de mi vida. No presumo de ser un sabio, pero la experiencia siempre nos permite reflexionar sobre nuestros valores, fortalezas, debilidades y convicciones fundamentales. Y quisiera cerrar este libro compartiendo algunas de estas reflexiones.

Descubrir quién eres, aceptar quien eres y ser quien eres tiene un precio muy alto, más aún cuando la sociedad te prefiere como ellos quieren que seas. Ser como eres en un mundo en el que la mayoría de la gente no quiere ser como es, resulta un éxito. Si quieres cambiar algo, debes comenzar por cambiar tú y lo que crees. Busca siempre estar cerca de las personas que te nutran el alma. Vivimos en un mundo plagado de absurdos: gobiernos corruptos, violencia de género, violencia política, avaricia, polarización, venganza, orgullo, envidia, soberbia. Nos estamos convirtiendo en una generación indolente, indiferente. Sólo vemos pero no observamos; oímos, pero no escuchamos; sentimos, pero no percibimos; vivimos, pero como si estuviéramos muertos.

La envidia es parte de la vida de los perdedores que no aceptan tu éxito. Tu éxito siempre será la derrota de un mediocre y serás insultado o criticado y descalificado en redes sin opinión constructiva, sin debate. Se refugian en el anonimato con ataques y descréditos. Si te han criticado o si te han juzgado, vas por buen camino. Si tus sueños opacan los sueños de otros, será porque sus sueños no brillan tanto como los tuyos. Tu deber no es alcanzar el éxito, sino hacer lo correcto; el éxito llega y se convierte en una sola posibilidad. Hay muchas personas que quieren y dicen ser exitosas cuando en realidad lo único que buscan es ser famosas.

Vivimos mejor, pero nos sentimos peor; consumimos más, pero disfrutamos menos. El exceso de libertad trae menos felicidad. Con el acceso al internet, tenemos más información, casi ilimitada, pero también más confusión. Ahora un teléfono o una tableta se han vuelto nuestros dueños. Estamos más conectados, pero a la vez más solos. Los mensajes de texto no miran a los ojos y no generan emociones. Hay más expectativas de vida, pero hay más muertos en vida.

Hay más tolerancia, pero menos respeto. Queremos la verdad, pero nadie quiere ser honesto. Queremos más derechos, pero sin responsabilidades, y eso genera caos e inestabilidad. Pasamos la vida haciendo cosas que odiamos para vivir una vida que no nos gusta. Luchamos y nos esforzamos por vernos y lucir felices en una red social, pero no hacemos nada por serlo en la vida real. Sacrificamos cambios significativos y reales por placer y placebos temporales. Hay más opciones para todo, pero cualquiera satisface poco.

La mayoría de las personas pretenden el éxito sin aprender del fracaso. Tener éxito implica mucho sacrificio. Los que tienen miedo al fracaso, miedo a ser criticados, miedo a quedarse solos, nunca alcanzarán el éxito. Hay una gran diferencia entre ser exitoso y ser feliz. Siempre anhelamos lo que no tenemos y no valoramos lo que tenemos. No es lo mismo admirar a una persona que anhelar lo que tiene. Mientras no aprendamos a valorar lo que eres y lo que tienes, lo que has logrado, difícilmente podrás encontrar la felicidad. La abundancia y lo material no te dan la felicidad; ayudan a resolver problemas y necesidades, pero no te hacen feliz.

Pensamos que una persona es exitosa de acuerdo con la cantidad de lujos que tiene. Primero, hay que ser fiel a tus principios, a tus ideas, a tus sueños y compromisos y defenderlos hasta el final. Y así los perdedores y envidiosos se encargarán de hacerte ver tus miedos, tus errores, tus debilidades, para evitar que sigas adelante y no te separes de ellos. No dependas de talentos ni de dones de otras personas. No te compares, nunca. Siempre habrá personas con menos y con más logros que tú. Compárate contigo; sé mejor persona, mejor ser humano, mejor padre, mejor hijo, mejor esposo. Sé la mejor versión de ti cada día.

Si miras hacia abajo a las personas, que sea para apoyarlos y darles la mano y ayudarles a subir; su éxito te hará más grande a ti. Y si miras hacia arriba, que sea para agradecer que estás vivo y que tienes todo para salir adelante.

Agradece a Dios, al universo, a quien tú creas que sea más grande que tú. Para tener éxito, no necesitas un auto deportivo ni una casa más grande, ésos son solamente símbolos de poder. No podemos entender el poder si no entendemos su significado. Un político quiere serlo por el poder; una figura pública, cuando se vuelve muy famosa, tiene poder. Poder de influir, poder de intervenir, poder de cambiar, poder de transformar, poder de ayudar. Si no, ¿para qué carajo te sirve el poder?

Por lo general, todos quieren ser exitosos hasta que se percatan de que serán traicionados, criticados, señalados y crucificados. Porque criticar, opinar y juzgar es muy fácil; lo difícil es hacer y dar el ejemplo. Muchos permanecerán mientras no representes una amenaza ni intentes superarlos. Otros querrán correr a tu lado sin poder seguir tu ritmo. Pronto se cansarán, intentarán detenerte o meterte el pie. La gente perdona todo menos el éxito. Se reirán de ti, hablarán de ti y harán un listado de tus fracasos, de tus miedos y de los argumentos bajo los cuales deberías dejar tu sueño. Mientras hablen y critiquen, tus acciones y tus hechos los aplastarán, y no les quedará ninguna duda ni otro remedio que aceptar que te arriesgaste y ellos no.

Vive sin conflicto, sin perder la paz. Encauza el rechazo, la descalificación y la burla hacia tus sueños y objetivos. Y si no lo logras a la primera, aprende de eso, saca lo mejor, corrige los errores y vuelve a intentarlo. Más vale equivocarte por atrevido y no por precavido o cobarde. El valiente también tiene miedo, igual que el cobarde. La diferencia está en cómo afrontar y confrontar ese miedo. Una mala actitud ante el éxito es el peor de los fracasos, pero una buena actitud ante el fracaso es el mejor de los éxitos y del aprendizaje.

No existe una sola persona exitosa que no conozca el fracaso. Para encontrar y valorar el éxito debes estar consciente de que pasarás por muchos fracasos. El reto no es evitar o evadir el fracaso; el reto es reconocerlo y levantarte. El fracaso es una cosa, pero sentirse fracasado es otra, y ese sentimiento se instala en tu mente si tú lo permites. Está permitido equivocarse todas las veces que sea necesario para seguir aprendiendo, mas no para repetir esos errores. No te dobles ante el rechazo o la burla. No intentes complacer a todo el mundo, porque eso te va a generar frustración.

Sentarte a esperar el momento perfecto hará que la vida pase sin que te des cuenta. El momento perfecto lo puedes ocasionar tú. Mentalízalo, genéralo, decrétalo, trabájalo, presiónalo, y cuando se presente la oportunidad, no dudes, no titubees: tómalo. No tengas miedo, lo peor que puede pasar es que aprendas algo de esa oportunidad. Pero si la dejas pasar, jamás sabrás si ésa era la oportunidad de tu vida. El mundo es de los valientes, de los sagaces, no basta ser inteligente o culto. El conocimiento y el aprendizaje te dan bases y elementos, pero de nada te sirven si no tienes el valor y las agallas para emprender.

Nada supera la disciplina y la constancia; ésos son los valores más importantes. Hay personas con mucho talento, pero tan llenas de temores y prejuicios que nunca desarrollan su potencial. En cambio, hay personas que sin talento y sin oportunidades se empeñan en buscarlas y abren sus oportunidades. Hay personas con doctorados que se sienten perdedores, hay millonarios que se sienten miserables. El valiente aprende a controlar su miedo, aprende a canalizarlo hacia la ofensiva de forma positiva. Utiliza esa adrenalina para subirte a la ola y aventarte de un avión.

Vive al máximo, arriesga; si pierdes, vuelve a intentarlo. ¿Para qué es la vida si no es para vivirla? Vívela intensamente. Hay a quienes se les va la vida mirando el reloj y esperando la oportunidad y el momento, sin darse cuenta de que esa oportunidad ya pasó por estar viendo su reloj. Unas de las grandes virtudes que te harán un gran ser humano es ser humilde y agradecido. El agradecimiento y la humildad son grandes valores. Ser humilde no significa ser pobre, sino ser mejor persona, tener mejor calidad como ser humano. Tienes que cambiar tus pensamientos para cambiar tu realidad: piensa en grande. Tienes que pensar positivo, pensar que eres el mejor, pensar que lo mereces. Decrétalo, pídelo, exígelo.

Deja de envidiar lo que no tienes y comienza a decretar lo que puedes y quieres lograr. No necesariamente se envidia lo material, a veces la gente envidia tu personalidad, tu espíritu, tu energía y tu esfuerzo, tus ganas de superarte. Quítales el poder a las personas sobre ti. Si no te controlan es porque saben quién eres y eso hará que te teman.

Los jóvenes de hoy no sólo buscan recibir un apoyo económico, de nada sirve si eso no es apoyado con políticas públicas que les brinden oportunidades: oportunidades para crecer personal y profesionalmente, para sentirse útiles e integrados en una sociedad, para saberse reconocidos en su camino, en sus ámbitos laborales e intelectuales. Se debe evitar que las mentes creativas y talentos en diferentes ámbitos se fuguen, o se pasmen, y, por supuesto, apoyar a los jóvenes a desarrollar sus talentos y habilidades, impulsarlos para que su estado o país los respalden, para que sigan aprendiendo y creciendo.

Espero que estas páginas te ayuden a aprender de mis errores y mis aciertos, que mi experiencia sea una herramienta de la que puedas sacar provecho. No creo ser perfecto, pero sé que soy un hombre capaz de reconocer sus errores y crecer, y espero en este crecimiento poder construir una mejor familia, un mejor país y un mejor mundo.

Esta obra se imprimió y encuadernó
en el mes de octubre de 2023,
en los talleres de Impregráfica Digital, S.A. de C.V.,
Av. Coyoacán 100–D, Col. Del Valle Norte,
C.P. 03₁03, Benito Juárez, Ciudad de México.